2015년 경남아동문학 제29호

아동문학의 날 행사

2015년 4월 30일 함안 아라초등학교에서 '어린이와 함께하는 아동문학의 날 잔치'가 열렸다.

살면 세상이

하얀 찔레꽃

선비문화축제 기념 경남학생백일장

선비문화축제 기념 경남학생백일장이 2014년 10월 11일 토요일 산천재에서 많은 학생들의 참여로 성황리에 열렸다.

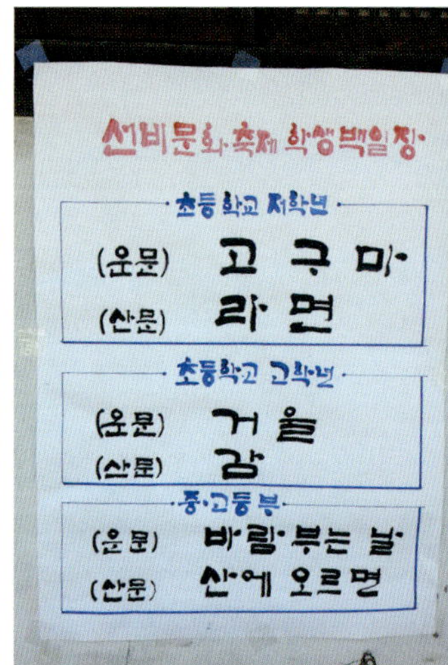

경남아동문학상 시상식

2014년 10월 11일 남명기념관 소강당에서 제25회 경남아동문학상 시상식이 있었다. 수상자는 우점임 · 김용삼 아동문학가이다.

경남아동문학회 정기총회

2015년 2월 12일 경남아동문학회 총회와 연간집 《느티나무 둥지》 출간을 축하하는 자리에 많은 회원들이 모여 즐거운 시간을 보냈다.

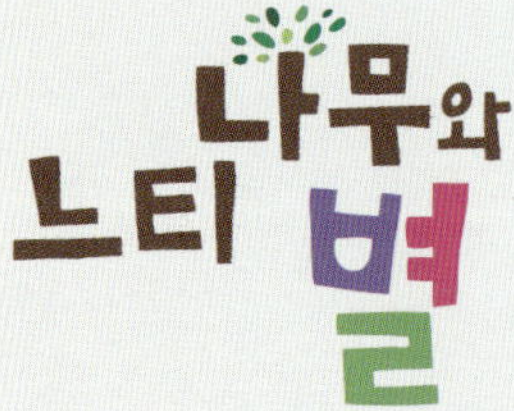

2015년
경남아동문학
제29호

책을 펴내며 010 | 김재순 회장

축하글 014 | 홍준표 경상남도지사
016 | 박종훈 경상남도교육감
019 | 김윤근 경상남도의회 의장

경남의 작고 아동문학가 소개

022 | 김원룡 1911~1982
026 | 서덕출 1906~1940

특집1 선생님, 나의 선생님

동시
032 | 공현혜 털보 선생님
034 | 서일옥 풀꽃 선생님
035 | 이동배 웃음꽃 선생님
036 | 이영자 성광집 – 스승의 날
037 | 이창규 검정 고무신, 선생님
039 | 임상열 막대풍선 선생님
041 | 하순희 칭찬박사 선생님
042 | 하 영 꽃밥 한 그릇

동화
044 | 김문주 조용한 선생님
053 | 이 림 사탕 아홉 알

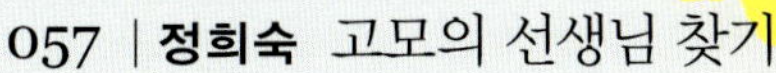

057 | 정희숙 고모의 선생님 찾기
068 | 조현술 누나 같았던 교생 선생님
077 | 최상일 크레파스

산문

082 | 오하룡 스승과 60여 년 만의 해후

특집2 경남아동문학회와 나

088 | 김현우 창립 그 시절에 생각나는 것들
096 | 이창규 경남아동문학상과 경남학생백일장의 인연
104 | 정목일 경남아동문학선집 발간과 그 시절의 추억
108 | 조평규 '경남아동문학상' 의 탄생
111 | 김태두 '정 쌓기 속 쌓기' 월례회

회원작품

동시

122 | 강수성 엄마 마음 나도 몰라요/ 놀람
124 | 공현혜 집이 운다/ 유행은 살아 있다/ 이모
127 | 권순희 시간도둑/ 연꽃과 아가/ 가을을 부르는 꽃
130 | 김몽화 콩알 하나/ 시청/ 빗소리
133 | 김복근 팔베개/ 아이와 할아버지
135 | 김재순 수수밭에서/ 봄비에게
137 | 김지연 귓속말/ 기다림/ 정말?
140 | 도리천 줄다리기/ 책가방 꿈가방/ 시골 어린이는
143 | 류경일 자전거와 환삼덩굴/ 내가 그린 집/ 종소리
146 | 서일옥 사각사각/ 세탁기/ 외갓집에서는

149 | **서정홍** 동갑 친구/ 엄나무 이야기/ 소도깨비
153 | **석성환** 새벽녘/ 비행기
155 | **오하룡** 슬픈 세상/ 아동문학/ 선생
158 | **우점임** 허준 박물관 약초원/ 신발장 앞에서/ 날개 품
161 | **윤일광** 톱이 말을 하면 좋겠다/ 우리 아빠 우리 엄마/ 물방울은 하나가 되네요
167 | **윤진애** 자석/ 빗방울과 거미
169 | **이동배** 내 동생이 생긴대요/ 아가는/ 징검다리
172 | **이 림** 할머니 방 티비 / 밑간
174 | **이선향** 책 읽는 소녀상
176 | **이영자** 무지개 선 아침/ 강아지풀/ 할머니와 참깨
179 | **이창규** 어머니 마음/ 맛있는 삼원색/ 새싹
182 | **임상열** 내 방이 생기면/ 몽땅 연필
186 | **장진화** 무서운 생각/ 즐거운 그림/ 초승달
189 | **전문수** 약속/ 처음 그 자리/ 엄마 생각
192 | **정현대** 수국/ 달맞이꽃
194 | **최영인** 벙어리장갑/ 바람과 구름
197 | **하순희** 그리운 마법 시계/ 다리 위 꽃집에서/ 다리미
200 | **하 영** 여름 코스모스 길/ 낮달을 건졌더니/ 비 갠 봄날
203 | **하종숙** 누군가에게는/ 독서실

동화

206 | **김문주** 고래 인형
214 | **김임지** 건우야, 고마워
233 | **김태두** 당나라 해군을 박살내다
245 | **김현우** 할아버지와 동전 한 닢
253 | **도희주** 눈사람 삼형제의 엄마 찾기
262 | **양정화** 신들의 전쟁
269 | **유행두** 얘들아 놀자
275 | **이경순** 꼬랑지
283 | **정이식** 겨울비
293 | **정현수** 돼지는 꿀꿀꿀
299 | **조현술** 에루의 사랑
309 | **최상일** 잠꾸러기 홍연
321 | **한수연** 어디만큼 왔니?

동극

330 | **이한영** 손자가 보고 싶어

340 | 경남아동문학회 연혁
354 | 회원주소록
359 | 편집후기

김재순
경남아동문학회장

가을 앞에서

지난여름은 유난히 더웠습니다. 사람도 동물도 식물도 견디기 힘들다며 아우성들을 쳤습니다. 하지만 그 여름은 갔고, 이제 가을이 왔습니다. 올해 가을은 유난히 아름답습니다. 초록빛 산등성이 위로 새하얀 뭉게구름, 그 위로 끝을 알 수 없는 파란 하늘…… 과일나무들은 다디단 열매들을 달고, 곡식과 채소들은 그 어느 해보다 풍성한 결실을 예고하고 있습니다.

우리 경남아동문회 회원들은 이 아름다운 지구별 위에서 그 어느 회의 회원들보다 더 정답게 의지하며 오순도순 지내고 있습니다.

그런데 올가을 우리 회는 아직 다 보내지 못한 아픔을 하나 갖고 있습니다. 모든 것이 순리대로 될 것이고, 더 시간이 가면 자연스레 해결될 일이긴 하지만 그냥 지나치지는 못할 일 같습니다.

초등학생은 물론 유치원생도 다 알 만한 그리스의 이솝우화 중에 까마귀와 산신령, 공작, 두루미가 등장하는 〈새들의 왕 뽑기〉가 있습니다.

어느 날 새들이 서로 왕이 되겠다고 우기고 싸우는 바람에 조용하던 숲 속이 아수라장이 되고 맙니다.

"아니, 이게 무슨 소란이야?"

참다못한 산신령이 소리를 내지른 후 제안하기를 "가장 아름다운 새를 숲 속의 왕으로 뽑겠다."라고 합니다.

본래 오색찬란한 깃털을 가진 공작도, 맵시 고운 두루미도 거울을 보며 매무새 단장에 여념이 없는 며칠이 지났습니다. 드디어 산신령이 '새들의 왕'을 뽑겠다고 할 때, 지금까지 못 보던 낯선 새 한 마리가 등장합니다.

그 새는 왜 낯선 모습이었을까요?

거짓과 비양심적으로 탐욕스럽게 남의 깃털을 뽑거나 줍거나 애걸복걸 모아서 제 것인 양, 제 몸의 일부인 양 위장을 하였기 때문이지요. 그 모습을 본 공작과 두루미는 괘씸하게 여기며 자기 깃털을 다 뽑아 가 버립니다. 그러자 까마귀는 본래의 모습이 되고 맙니다. 불행하게도 현재 아동문학 문단에도 이솝우화 속의 '까마귀' 행위를 연상시키는 현상이 벌어지고 있습니다.

발간사에 이런 문제를 거론하는 것이 독자들에게 송구스러운 일이긴 하지만 동심천사주의로는 해결되지 못할 일이기에 우리 회의 아픔을 펼쳐 보이기로 합니다.

다음 쪽에 실은 우리 회 원로 선생님의 글을 참고하면 이해하실 수 있으리라 생각합니다. 극심한 더위 뒤에 풍성한 가을이 오듯, 우리 회에도 곧 평온이 찾아오리라 믿습니다. 모두들 행복한 가을을 맞이하시길 바랍니다.

경남아동문학계의 아픔

지난 연말 경남문학관에서 열린 경남문협 총회 때 입구에서 《경남아동문학》 창간호를 배포하는 일이 있었습니다. 〈한국아동문학회 경남지회〉라는 단체가 발행처였으며 이 단체의 대표는 아동문학가 K씨였습니다.

이날 책을 배포하는 사람도 K씨였습니다. 이 단체가 이미 존재하는 것은 아는 사람은 다 알고 있습니다. 그런데 이 단체가 경남의 정통 아동문학단체인 〈경남아동문학회〉가 이미 40여 년 넘게 존재하고 있는 것을 알고 있고 K씨 역시 경남아동문학회 회원으로 등재되었을 뿐 아니라 한때나마 이 단체에서 활동한 경력이 있는데도, 경남아동문학회와 헷갈리는 행동으로 나섬으로써 세상 사람들이 경남아동문학 문단을 이상하게 보게 만들었다는데 있습니다.

아시다시피 우리나라에는 현재 중앙에 크게 두 아동문학 단체가 존재하고 있습니다. 하나는 〈한국아동문학회〉, 하나는 〈한국아동문학인협회〉입니다. 처음에는 〈한국아동문학회〉만 존재했으나 중간에 이 단체에서 분리하여 〈한국아동문학인협회〉가 생기므로 두 개로 나누어진 것입니다.

여기에 관한 자세한 것은 앞으로 정리할 기회가 있으리라 믿고, 여기서는 경남아동문학계의 현실로 폭을 좁혀 언급하기로 하겠습니다. 그러니까 K씨가 〈한국아동문학회 경남지회〉를 운영해 온 것에 대해서는 어떤 이야기도 할 수 없습니다.

〈경남아동문학회〉만이 정도를 걷는 단체가 아닐 수 있으므로, 생각이 다르면 얼마든지 새로 단체를 만들거나 다른 길을 모색할 수 있기 때문입니다. 이런 전례는 앞서 중앙의 두 아동문학단체의 분파에서 찾을 수 있습니다. 분명한 것은 그럴수록 새 단체가 갖는 선명성일 것입니다.

기존 단체의 길을 답습하지 않거나 그 단체보다 나은 단체를 표방하고 시작했을 것이기 때문입니다. 《경남아동문학》이란 이름의 창간호를 내는 것은 기존 〈경남아동문학회〉가 같은 이름의 간행물 이름을 갖지 않았으므로 새 단체가 쓸 수 있다고 한다면 말은 될지 모르나, 기존 〈경남아동문학회〉가 〈경남아동문학연간지〉를 제목은 다르게 붙이나 해마다 내고 있는 상황이므로 제대로 된 설명이라고 할 수 없는 것이지요.

더 심각한 것은 그 다음입니다. K씨는 경남문화재단(현재 경남문화예술위원회)에 출판지원금을 신청하면서 〈한국아동문학회 경남지회〉라는 이름만으로 신청하지 않고 심사위원들이 착각을 하게끔 트릭을 쓴 데 있습니다.

〈한국아동문학회 경남지회 '경남아동문학회'〉라 하여 신청한 것입니다. 이런 정도의 문제점은 얼른 구분해야 하는 담당 지원기관의 심사위원들 안목의 부족이 먼저 떠오릅니다.

회원 명단의 첨부만 요청해도 이 정도는 밝힐 수 있는데도 그들은 그런 것에 등한한 것입니다. 거기다 K씨는 사업자 등록은 창원세무서에서 〈경남아동문학회〉로 등록하여 사업증을 발급받은 것입니다. 이런 사실은 경남아동문학회 회장단이 창원 세무서에 가서 확인하고 안 사실입니다. 경남아동문학회는 마산세무서에서 사업자등록증을 발급받은 바 있습니다. 창원 마산이 한 지역인데 세무서마다 경남아동문학회 사업자가 따로 있다는 것도 희극이지요.

그러니까 얼핏 보아서는 〈한국아동문학회 경남지회 경남아동문학회〉라 하였으니 〈경남아동문학회〉가 지금까지는 중앙단체의 지회라는 사실을 밝히지 않고 그냥 이름을 써 오다가 이제야 중앙단체의 산하라는 것을 밝힌 것으로 보고 지원을 결정한 것으로 추정되는 것입니다. 이런 사정을 모른 채 선수를 빼앗긴 경남아동문회는 지난해 지원금을 받지 못한 것입니다.

지금까지의 상례를 보면 문학단체가 회지 발간 지원을 받으려면 3권의 발간 실적이 있어야 했습니다. 〈한국아동문학회 경남지회〉 이름으로는 이 규정에 맞추지 못하므로 말하자면 K씨는 살짝 트릭을 썼고 그것이 먹힌 겁니다. 아무리 각박한 세상이라 하더라도 같은 아동문학을 하면서 이런 행태를 보여서는 아동문학인의 진정한 자세라 할 수 없지 않을까 싶습니다.

이런 사실을 지적한 필자에게 그는 "선배들이 선배답게 잘 해야지요." 하며 언성을 높였습니다. 그러니까 선배들이 잘못해서 이런 행동을 한들 무엇이 문제냐, 하는 것 같았습니다.

선배들 문제가 많지요. 선배들도 많은 반성을 해야지요. 그렇다고 이런 식으로 물을 흐려서야 아동문학계가 어떻게 되겠습니까. 눈을 감고 생각하니 가장 아프게 다가오는 우리 경남아동문학계의 암담한 현실입니다.

— 오하룡, 경남아동문학회 카페에서

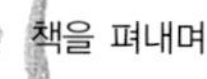

| 축사 |

홍준표 경상남도지사

문화가 어우러지는 행복한 경남

경남아동문학회의 《경남아동문학》(제29호) 연간집 발간을 축하합니다.

지난 1976년 창립된 경남아동문학회는 40여 년간 여건이 척박한 지역 아동문학의 맥을 이어 오면서 우리 아이들의 감성을 풍부하게 하고, 아름답고 고운 심성을 기르는데 기여하고 있습니다. 더불어 매년 연간집과 시기에 맞춰 기념호를 발간함으로써 우리 아이들과 동심과 함께하는 어른들에 아동문학 작품에 접할 기회를 제공하고 있습니다.

동시와 동화를 비롯해 동시조와 동극 등을 수록한 《경남아동문학》 연간집은 지역 아동문학의 흐름을 반영할 뿐만 아니라 아동문학인들의 교류와 소통의 장이기도 합니다. 그런 만큼 《경남아동문학》을 통해 지역 아동문학의 발자취를 가늠해 볼 수 있어 연간집 발간은 매우 뜻깊은 일이라 하겠습니다.

아이들은 우리 사회의 미래입니다. 경남 미래 50년을 준비하는 경상남도는 문화가 어우러지는 행복한 경남을 만들기 위해 노력하고 있습니다. 우리 아이들에게 꿈과 희망을 키워주는 《경남아동문학》은 우리 도의 도정 방침과 같이한다고 하겠습니다.

동심 가득한 소중한 작품을 《경남아동문학》 연간집에 게재하신 아동문학인 여러분께 감사드립니다. 발간을 위해 애쓰신 경남아동문학회 김재순 회장님을 비롯한 운영진 여러분의 노고에도 격려와 감사의 말씀을 전합니다.

2015. 9. 30.

| 격려사 |

박종훈 경상남도교육감

한 편의 글, 한 갈래의 길

누구는 말을 하고 누구는 말을 듣습니다. 그때 지금까지 없었던 삶이 두 사람 사이에서 일어납니다. 늘 생기는 일이어서 대수롭지 않게 여기지만 다시금 돌이켜보면 그것은 어떻게든 뜻이 부여되어 있는 하나의 사건 기억임을 알게 됩니다.

글을 사이에 두고 작가와 독자는 대화를 나눕니다. 그런데 입말을 주고받을 때와는 사뭇 다릅니다. 얼굴이 보이지 않아 얼굴에 가려져 있던 속마음을 헤아릴 수 있습니다. 편견이 누그러져 있어 평화롭게 그 마음에 다가갑니다. 자신의 깜냥으로 바라보고 해석해도 글은 탓하지 않습니다.

그러나 글이 들려주는 이야기를 좇아가다 보면 어느덧 마음이 글 속에 들어가 있음을 문득 발견하게 됩니다. 글은 작가와 독자를 가장 가깝게 만들어 줍니다. 자아와 세계가 일치하는 물아일체의 경지가 정신의 지락이듯이 글은 공감의 희열로 이끕니다.

저는 독서와 도서관에 관심이 많고, 교사에서 교육위원으로 나아간 것도 그 때문이었습니다. 교육감이 되겠다는 꿈도 그 연장선 위에 있음은 물론입니다. 그 관심이 도서관 담당 교사 시절에 품게 된 생각에서 비롯되었다 믿고 있었고, 그렇게 말해 왔지만 최근 들어 그 연원이 다른 데 있었음을 새삼 깨닫게 되었습니다.

초등학교 시절 서울에서 대학을 다니던 큰형이 선물한 세 권의 책이 그 씨앗을 뿌렸다는 생각을 하곤 합니다. 《해저 이만 리》, 《엄마 찾아 삼만 리》, 《보물섬》이 그것입니다. 저는 그것들을 백 번은 더 읽었다고 생각합니다. 비밀의 문을 열고 들어섰을 때의 그 설렘과 떨림, 그 놀라운 체험이 내면에 새겨져 있다가 성인이 되어서 다른 빛깔로 발현되었다고 생각합니다.

경남아동문학회는 40년 동안 동인 활동을 이어 오면서 수많은 작품을 발표해 왔습니다. 얼마나 많은 어린이들이 그 작품을 통해 저처럼 잊지 못할 체험을 했는지 헤아리기 어려울 것입니다. 문학은 힘이 없는 듯하지만 사람을 다른 길로 이끕니다. 창작에 쏟은 힘이 고스란히 독자에게 옮겨가 힘을 미치는 것입니다. 저는 좋든 싫든 글을 쓰고 살아야 합니다. 그래서 창작의 고통을 충분히 짐작할 수 있습니다. 어려운 가운데 붓을 놓지 않는 문인 여러분에게 존경의 뜻을 전하고 싶습니다.

예전처럼 책을 읽지 않는 세태에서 올해도 연간집을 엮어 내

었습니다. 어떤 어린이는 이 작품들을 읽고 감동을 받을 것이고 또 새로운 길을 찾아갈 것입니다. 그리고 어른들에게는 잃었던 순수성을 되찾게 해 줄 것입니다. 동심은 순정이며 진실입니다. 어른들이 동시와 동화를 찾는 것은 그 순수를 회복하고 싶은 꿈 때문입니다. 이 연간집에 담긴 주옥같은 작품들이 독자들에게 아름다운 추억을 또 안겨 줄 것이라 기대하면서 연간집 출간을 축하합니다.

2015. 10.

김윤근
경상남도의회 의장

아이들에게 꿈과 희망을

반갑습니다. 경남도의회 김윤근 의장입니다.

먼저, 경남아동문학회에서 연간집을 발간하게 된 것을 진심으로 축하드리며, 이번 연간집이 발간되기까지 많은 노고를 아끼지 않으신 경남아동문학회 김재순 회장님과 관계자 여러분께 깊은 감사를 드립니다.

아동문학의 가장 큰 존재가치는 우리 아이들에게 꿈과 희망을 심어 주는 것이라 할 것입니다. 특히, 어린시절 읽었던 문학책은 우리의 인생에 많은 영향을 미칠 만큼 그 중요성은 매우 크다고 하겠습니다. 따라서 우리의 미래이며 희망인 어린이들에게 아름다운 꿈을 심어주는 아동문학은 행복한 대한민국을 만들어가는 자양분인 것입니다.

이번에 발간하는 연간집을 통해, 우리 어린이들이 순수한 동심을 잃지 않고 올바르게 성장하여 아름다운 세상을 만들어가는 그 출발점이 되기를 희망합니다. 감사합니다.

아동문학의 새 지평을 열어가는
경남아동문학회

김원룡

1911년 마산에서 태어나 1929년 마산공립보통학교와 1932년 고등학교 졸업 후 동요창작을 습작하기 시작했습니다. 1946년 새동무사를 경영하며 어린이 잡지 《새동무》를 발행했으며 동시집 《내 고향》, 이주홍의 소년소설 《아름다운 고향》 《이순신 장군》을 발행하고 《소년세계》 편집위원을 맡는 등 일생을 출판문화사업에 매진하다 1982년 작고했습니다.

서덕출

1906년 울산시 중구에서 태어났으며 1925년 〈어린이〉에 동요 〈봄편지〉를 발표해 많은 찬사를 받으며 등단했고, 특히 1927년 당시 북간도에 있던 윤극영 선생님이 〈봄편지〉에 곡을 붙여 전국적으로 유명해졌습니다. 울산 북정동 자택에서 34세를 일기로 짧은 생을 마치기까지 112편의 동시를 발표하며 활발한 창작활동을 하였습니다.

경남의 작고 아동문학가 소개

이한영 엮음

김원룡 1911~1982

김원룡 선생님은 1911년 마산에서 태어났습니다. 1929년 마산공립보통학교(현재 성호초등학교)와 1932년 고등학교를 졸업한 후 동요창작을 습작하기 시작했습니다. 해방 후인 1946년 '새동무사'를 경영하면서 어린이 잡지 《새동무》를 발행하며 아동문학보급운동에 앞장섰습니다.

그후 동시집 《내 고향》을 발간하고, 시 〈어찌하리오〉 등을 발표하며 활발한 작품활동을 하였습니다. 이주홍의 소년소설 〈아름다운 고향〉과 〈이순신 장군〉을 발행하고 《소년세계》 편집위원을 맡는 등 일생을 출판문화사업에 매진하다 1982년 작고했습니다.

김원룡

가을밤 외 4

가을밤 쓸쓸한 밤
귀뚜라미 울어서 밤새우는 밤

가을밤 단풍 지는 밤
나뭇잎 우수수 떨어지는 밤

가을밤 달 밝은 밤
돌아가신 우리 엄마 생각나는 밤

배고픈 밤

낮에는 공장 일에 숨이 차고
저녁엔 부족한 배급 양식에
힘없이 늘어져 누웠노라면

창밖에 달은 낮같이 밝고
느릿느릿 치는 시계 소리마저
내 마음을 자꾸만 섧게 해 준다

새 해

집집마다 떡방아 쿵쿵 찧더니
쿵쿵 소리 듣고서 새해가 왔네

떡국 먹고 나이 먹고 꼬까옷 입고
우리 동생 설날 좋아 뛰고 춤추면

처마 끝에 참새도 떡 쪼아먹고
제 배가 부르다고 짹짹거리고

외양간 어미소 일 안 간다고
젖먹이 송아지도 좋아 뜁니다

걱 정

걱정이 낙엽처럼 쌓인 우리 집
언제나 봄바람이 불어오려나

꼬부랑 할머니는 병나서 걱정
아버지 어머니는 가난해 걱정

언니와 오빠는 공부 못 해 걱정
나는 나는 보기가 정말 딱해 걱정

언제나 우리 집에 웃음꽃이 피려나
일하면 잘 사는 좋은 세상 오려나

언제 잘 사나

해방이 되었다고 어깨춤 추고
독립이 된다 해서 좋아 울었더니
이태 삼년 지내도 독립은커녕
못산다는 소리만 높아갑니다

왜놈이 손을 들고 쫓겨가기에
인제는 우리 살 때 왔나 했더니
가난은 남겨 놓고 몸만 갔는지
굶주리는 백성만 늘어갑니다

서덕출 1906~1940

서덕출 선생님은 울산시 중구에서 태어났습니다. 다리를 쓰지 못하는 장애인으로 학교 교육을 받지 못하고 어머니에게 한글을 배워 동요를 짓기 시작했습니다.

1925년 《어린이》에 동요 〈봄편지〉를 발표해 많은 찬사를 받으며 등단했고, 특히 1927년 당시 북간도에 있던 윤극영 선생님이 〈봄편지〉에 곡을 붙여 전국적으로 유명해졌습니다. 울산 북정동 자택에서 34세를 일기로 짧은 생을 마치기까지 112편의 동시를 발표하며 활발한 창작활동을 하였습니다.

선생이 작고한 뒤 유가족에 의해 유고동요집 《봄편지》(1951)가 출간되었습니다. 지금은 울산광역시로 분리되어 나갔지만, 당시에는 엄연히 경남이었기에 서덕출 선생님은 경남의 작고 아동문학가입니다.

서덕출

눈꽃 송이 외 4

송이송이 눈꽃 송이 하얀 꽃송이
하늘에서 내려오는 하얀 꽃송이
나무에도 들판에도 동구 밖에도
골고루 나부끼네 아름다워라

송이송이 눈꽃 송이 하얀 꽃송이
하늘에서 내려오는 하얀 꽃송이
지붕에도 마당에도 장독대에도
골고루 나부끼네 아름다워라

봉선화

옛날의 왕자별을
못 잊어서요
새빨간 치마 입은
고운 색시가
흩어진 봉선화를
고이 모아서
올해도 손끝에
물들입니다

봄편지

연못가에 새로 핀

버들잎을 따서요.

우표 한 장 붙여서

강남으로 보내면

작년에 간 제비가

푸른 편지 보고요.

조선 봄이 그리워

다시 찾아옵니다.

행복자

나는행복자이네
오늘버러 내일來日살고
내일버러 모래 살어도
내 힘으로 사라가는
행복자이네

나는행복자이네
두간자리 오막집이
내 집이라도
죄罪업시 사라가는
행복자이네

산 너머 저쪽

산 너머 저쪽에는
누가 사나요
천년 묵은 소나무
새와 동무하여서
노래하고 춤추며
재미있게 산다오

특집 1

선생님!
나의 선생님!

털보 선생님

| 공현혜

학교에서 제일 나이 많은
4학년 2반 털보 선생님은
교장 선생님도 찾아와
꾸벅, 인사했구요

쉬는 시간 끝날 때까지
낡은 의자에 앉아
수염 만지는 아이들 꿀밤 주며
허허 웃었지요

6학년 언니 오빠도
5학년 언니 오빠도
우리 교실 그냥 지나치지 못하고
빼꼼, 얼굴 내밀어 부러워했구요

청소 끝나도 가지 않는 친구들
책상에 둘러 세우고
옛날에, 옛날에 이야기 끝나면

다음에, 다음에 나는 천사 된다 하셨죠

지금은 만질 수 없는
까칠까칠 털보 선생님 수염 대신
다듬어 놓은 산소의 잔디 쓰다듬으면
나도 모르게 자꾸만 웃음이 나요.

풀꽃 선생님

| 서일옥

하이얀 무명 저고리 물들인 깜장 치마
파마머리 예뻤던 1학년 때 우리 선생님
팔 벌려 안아주시던
풀꽃 같은 선생님

선생님 품에 들면 향긋한 분 냄새에
엄마보다 더 좋은 코티분 그 향기에
학교길 매일 즐거워 콧노래가 즐거웠죠

전학 가는 제자 위해 손수건을 건네면서
등나무 그늘에서 손 흔들던 선생님
하이얀 찔레꽃 같던
그 모습이 그리워요.

웃음꽃 선생님

| 이동배

언제나 웃음 가득
호탕한 선생님은

말썽쟁이 지민이랑
욕쟁이 영지만 좋아해

펼치는
지혜 보따리
알쏭달쏭 다정해요.

성광집 – 스승의 날

| 이영자

그분들 웃음소린가 바람도 따스하네
옛정 생각나 불현듯 수첩 폈으나
세상에서 수첩에서 자취 사라지고
무심한 세월 야속하구나
가방끈 짧아 어깨에 못 닿는 나를 밥먹여 살린 분들
먹물 따지면 쭈꾸미 먹물에 불과해
녀석의 뱃속에서 꺼내다 얼굴에 튀어 얻은 정돈데
나 성광대 출신이다 우기는 이유 하나
그분들 들리며 또 들리며 주고 산 상식들
앉은 자리 공짜 공부하는 주모였기에
강산이 바뀌도록 재수 삼수했기에
밥집 문 닫았으나 하나뿐인 졸업생
앞치마 졸업장으로 두르고
늦은 인사 허공에 띄운다
그립고 고마운 이들

검정 고무신, 선생님

| 이창규

선생님 !
3학년 때부터
선생님, 사랑하였습니다.

검정 고무신 잃고
진눈깨비 날리던 날
울고 있을 때,
선생님도 못 찾고
새 검정 고무신 사서
선생님이 신겨 주셨습니다.

새 신이
좋아서 울었습니다.
엄마가 보고 싶어 울었습니다.
집까지 길이 멀어 울었습니다.
날씨 너무 차가워 울었습니다.

선생님이
고마워서 울었습니다.
그때 나도
선생님이 되겠다고 울었습니다.

막대풍선 선생님

| 임상열

즐거운 미술시간
좋아하는 사람을
그리는 시간

누굴 그릴까?
엄마? 아빠?
아냐 아냐 선생님!

동그란 얼굴
동그란 눈
동그란 입술

동글동글 그렸더니
“이야 풍선이다~”
친구가 놀리고

기다란 머리칼
기다란 코
기다란 목

길쭉길쭉 그렸더니
"뭐야 막대기잖아~"
짝꿍이 놀리고

동글길쭉 그리고
알록달록 색칠했더니
진짜 막대풍선이다

어쩌지 어쩌지
오늘도 웃다가
발표는 힘들듯

칭찬박사 선생님

| 하순희

시인 같애 잘 썼구나 화가보다 잘 그렸네
솜씨 좋은 박사구나 일등 기술자네
칭찬을 먹고 자라던 어린 시절 그 교실

누구에게나 골고루 사랑을 주셨던
선생님이 그리워 지금도 생각나요
키다리 장대꽃 곁에 즐거웠던 시간들

어느 해 음악시간 함께 불렀던 노래는
"지난해에도 올해도 온갖 힘 다해서~"*
다 함께 울며 불렀던 그 시간이 그리워요

칭찬과 웃음으로 가슴마다 피워주신
선생님의 사랑으로 시인 되고 화가 되고
나라를 건설한 일꾼 깊은 은혜 못 잊어요.

*아는 것이 힘이다 배워야 산다고~ 노래 제목은 잊었지만 고인이 되신 지 오래인 초등학교 이공섭 선생님이 가르쳐 주신 노래의 한 소절.

꽃밥 한 그릇

| 하 영

꽃밥을 좋아하시는 우리 선생님

가까운 분이 시집을 내시면
하얀 백자 대접에 꽃밥 한 그릇 대접하시고
사생대회나 글짓기대회에서 상을 타 와도
꽃밥 한 그릇 덤으로 얹어주시고
기쁠 때나 슬플 때, 화가 날 때도
예쁜 사발에 꽃밥 한 그릇
안겨주십니다.

고사리 도라지 시금치 콩나물에
참기름과 고추장 한 숟갈씩 넣고
기쁨도 슬픔도 즐거움도 함께 비벼
색색의 예쁜 꽃잎
듬뿍듬뿍
얹어주십니다.

꽃밥 위에 놓인 꽃처럼 환하게 웃으라고
꽃밥처럼 여유롭고 풍성하게 살라고
꽃밥처럼 모두에게 기쁨 되라고
큰 서원 함께 담아
꽃밥을 사주십니다.

조용한 선생님

| 김문주

"학교 가기 싫어!"

"왜 그래? 또 누가 놀려? 애들이 따돌리니?"

작년에 난 반에서 은따였다. 대놓고 따돌림을 당하진 않았지만 친한 친구가 없었다. 그래도 요즘처럼 쓸쓸하진 않았다.

"우리 담임선생님이 가버렸단 말이야!"

"새로 좋은 선생님이 오실 거야."

그건 엄마가 몰라서 하는 말이다. 이 세상에 김수현 선생님 같은 분은 없다. 모든 아이들이 좋아한 선생님, 존재감 없는 나를 알아봐주신 선생님이셨다. 잘생긴 외모에 상냥하고 다정한 선생님. 그런 선생님이 어제 갑자기 다른 학교로 가셨다.

달팽이 기어가듯 억지로 학교에 갔다.

우리 반 같지 않게 교실이 조용했다. 아이들은 풀이 죽은 채 가버린 선생님 이야기만 하고 있었다.

그때 교실 문이 열렸다.

"삐꺼덕!"

문이 열리다가 걸린 듯이 삐걱거렸다. 김수현 선생님이 들어오시면 얼마나 좋을까? 나는 두 손을 모아 쥐었다.

문이 기우뚱거리는 소리를 내다가 열렸다. 불룩한 배를 밀고 들어선 남자를 보고 나는 고개를 돌리고 말았다.

"와, 뚱뚱하다."

우리 반 말썽꾸러기인 성준이의 목소리였다. 넓적한 얼굴에 뿔테안경을 쓴 아저씨가 우리 반 출석부를 들고 계셨다. 우리를 둘러보는 표정이 화장실 급한 사람처럼 다급하고 어색해보였지만, 새 선생님이 틀림없었다. 선생님의 두꺼운 입술이 떨리고 볼살이 꿈틀거렸다.

"어, 앞으로, 어, 여러분과 함께 어, 공부할, 어, 선생님 이름은……."

어색한 목소리를 감추기라도 하려는 듯 선생님은 돌아서 분필을 찾으셨다. 나는 절망감에 고개를 떨어뜨렸다. 선생님의 이름은 알고 싶지도 않았다.

"조용한 선생님이라구?"

"엄청 조용하신가보다. 크큭."

애들이 키득거렸다. 나는 웃을 마음이 생기지 않았다. 행복은 짧게 끝나고 시시한 5학년 생활이 시작되는 시점이었다.

나는 있으나마나한 아이였다. 통통한 몸집에 공부는 별로고 얼굴엔 벌써 여드름이 나기 시작한 나에게 관심을 가져주는 친구는 없었다.

음악시간이었다. 단소를 부는데 내 옆을 지나가던 선생님이 안경을 밀어 올리며 눈이 동그래지셨다.

"민지야!"

내가 뭘 잘못했나 싶어 깜짝 놀랐다.

"넌 단소를 참 잘 부는구나."

선생님의 두꺼운 손이 내 머리를 쓰다듬었다. 선생님이 내 이름을 아신다는 것만으로 놀란 나는 생각지 못한 칭찬에 얼굴이 뜨거워졌다. 여러 명이 단소를 불었는데 선생님이 내 단소 소리를 알아주신 것이다.

가슴이 콩닥거리고 얼굴에서 열이 났다. 그러고 보면 선생님은 다른 아이들 이름도 불러 한 가지씩 칭찬을 해주셨다. 내 이름이 불리기 전까지 나는 그걸 몰랐던 거다. 선생님이 늘 이름을 불러주고 칭찬을 자주 받는 친구들은 선생님의 그런 면을 눈치채지 못했을 것이다.

아이들은 새 선생님을 좋아하지 않았다. 선생님이 오실 때면 언제나,

"야, 조용한 돼지 샘 오신다!"

하고 소리쳤다. 아이들은 와하하 하는 과장된 웃음과 함께 책상을 마구 쳤다. 돼지 샘, 돼지 샘, 하고 합창하길 좋아했다.

한번은 옆 반 할머니 선생님이 오셔서 혀를 차셨다.

"쯧쯧, 조 선생님이 첫 발령에 하필이면 너희 같은 말썽쟁이를 만나 얼마나 힘드신지 몰라. 제발 말 좀 잘 들어!"

어른들은 뭐든 처음 하는 일은 서투른 모양이다. 우리 반은 갈수록 소란스러워지고 선생님 말을 듣지 않았다. 선생님은 우리 반에서 은따가 되어갔다. 꼭 내 모습을 보는 것 같았다.

어느 날 선생님께서, 색색가지 스티커를 나눠주셨다.

"자, 이건 칭찬스티커에요."

아이들은 모두 심드렁한 표정을 지었다.

'착한 일했다고 스티커 붙여주는 건 일이 학년 때나 하는 거예요.'

모두 그런 표정이었다. 선생님은 좀 더 큰 목소리로 말했다.

"어, 이 스티커는 내가 붙이는 게 아니라 여러분이 붙이는 거예요. 하루 중 좋은 일을 한 친구가 있으면 그 친구 이름 옆에 스티커를 붙여 주는 거예요. 한 달 동안 스티커를 가장 많이 모은 친구에겐 상을 줄 거예요."

그제야 아이들이 관심을 가졌다.

"무슨 상을 주실 건데요?"

선생님은 아이들의 반응에 빙그레 웃으셨다.

"아, 그건 아직 안 정했는데…… 음, 상으로 뭘 주면 좋을까요?"

아이들은 한 가지씩 생각나는 대로 말했다.

"청소당번에서 빼 주세요."

"숙제 안 해와도 된다고 해 주세요."

목소리가 커지자 성준이가 벌떡 일어났다.

"소원 한 가지 들어주세요."

선생님이 소원, 하며 고개를 갸우뚱하더니 다시 웃으셨다.

"그래, 가장 착한 일을 많이 한 사람의 소원을 들어주는 거로 하자."

"무슨 소원이든 꼭 들어 주실 거죠?"

"그래, 약속!"

선생님은 스티커를 열 장씩 나눠주셨다. 유치한 스티커라고 하던 친구들도 스티커를 받자 은근히 기대가 되는 모양이었다.

쉬는 시간에 성준이가 큰소리를 쳤다.

"아, 내가 스티커를 제일 많이 받아서 소원을 풀어야지."

여자 애들이 대놓고 코웃음을 쳤다.

"웃긴다, 정말. 사고뭉치가 칭찬스티커를 제일 많이 받겠다고?"

"넌 한 개도 못 받을 걸?"

성준이는 어깨를 으쓱하며 그럴 리 없다는 듯 말했다.

"내가 무슨 소원을 빌 건지 알면 너희들은 모두 내 이름에 스티커를 붙일 걸?"

"무슨 소원을 말한 건데?"

애들이 성준이 주위로 모여들었다. 성준이는 아이들의 관심에 우쭐거리는 표정이더니 천천히 말했다.

"내 소원은 말이야……."

애들은 모두 성준이의 입을 쳐다보았다. 5학년이 된 후 이렇게 아이들이 한 가지 일에 관심을 보인 적이 없었다.

"조용한 돼지 샘이 사라지는 거야."

모두들 목소리가 말라버린 듯 침묵이 잠시 흘렀다.

"그러니까, 돼지 샘이 더 이상 우리 반 담임이 아니게 해 달라는 거지."

반장인 동수가 아이들 틈에서 나지막하게 말했다.

"야, 그건 선생님 마음대로 하는 것도 아니고. 그런 소원을 어떻게 선생님께 말씀드리니?"

성준이의 말도 안 되는 소리에 놀라면서도 다른 친구들은 성준이가 심하다는 말을 못했다.

"돼지 샘이 가야 다른 선생님이 오실 거 아냐?"

성준이는 아이들의 반응이 의아하다는 표정이었다.

"선생님이 사라지는 게 소원이에요, 그렇게 말할 거라고?"

동수가 묻자 성준이는 고개를 끄덕였다.

아이들은 아직도 예전의 김수현 선생님과 조용한 선생님을 비교했다. 하지만 지금 선생님이 우리에게 잘못을 한 것은 없다.

"하지만 선생님한테 그런 말을 어떻게 하니?"

내 짝지 윤아가 쫑알거렸다.

"할 수 있어. 난 할 수 있어."

그런 말을 하는 게 자랑이나 되는 듯이 성준이는 큰소리를 쳤다.

"정말 네 이름 옆에 스티커를 붙여볼까? 네가 어쩌는지 보게?"

난 윤아와 별로 친하지 않았다. 하지만 나도 모르게 윤아의 팔을 얼른 잡아당겼다.

"안 돼. 그러지 마. 스티커 붙이지 마."

윤아에게 살짝 말했는데 성준이가 날 째려보았다. 그리고는 아이들을 밀치고 내 앞에 다가왔다.

"야, 정민지. 너 돼지 샘 좋아하냐?"

나보다 키가 큰 성준이는 나에게 바짝 다가서 나를 내려다보았다. 눈썹을 잔뜩 찡그린 성준이의 표정에 놀라 난 아무 말도 못했다.

"돼지 샘 좋아해? 야, 그러고 보니 너 돼지 샘 좀 닮았다?"

나는 주먹을 꼭 쥐었다. 눈에 힘을 주어 성준이를 흘겨보았다.

"어쭈, 이게!"

그러더니 성준이는 내 멱살을 잡고는 나를 벽으로 밀어붙였다.

"야, 딴 애가 스티커를 붙이든 말든 네가 무슨 상관이야?"

"놔, 놔!"

가슴이 답답했다. 목이 아프고 창피했다.

"너 나중에 질질 짜면서 돼지 샘한테 일러바치면……."

그때였다.

"무슨 일이니?"

선생님이 교실에 들어와 계셨다. 아이들은 모두 교실 뒤에서 일어나는 소란 때문에 선생님이 들어오시는 줄 몰랐다.

성준이는 얼른 내 멱살을 잡은 팔을 놓았지만 선생님은 이미 다 보신 듯했다. 난 터지려는 울음을 막기 위해 손으로 입을 가렸다. 선생님이 다리에 책상이 부딪치며 달려왔다.

"민지야, 괜찮니?"

선생님의 두 손으로 내 얼굴을 쓰다듬으며 살펴보셨다. 난 눈물이 흐르고 말았다. 선생님은 고개를 돌려 고함을 지르셨다.

"김성준! 이게 뭐하는 짓이야!"

교실이 쩌렁쩌렁 울렸다. 목이 벌게진 선생님은 불곰 같았다.

아이들이 제자리로 돌아가고 나와 성준이만 남았다. 선생님은 화가 가라앉지 않은 목소리로 성준이를 나무라셨다. 왜 그랬느냐는 물음에 성준이는 고개를 들지 못하고 띄엄띄엄 대답했다.

"내가, 제가, 애들한테 재미로 스티커 붙여 달라고 했는데, 민지가 안 된다고 해서……."

하지만 성준이는 자기가 무슨 소원을 말하겠다고 아이들에게 큰소리쳤는지에 대해서는 말하지 않았다.

"민지야, 성준이가 말한 게 맞니?"

선생님의 커다란 눈이 나를 걱정스럽게 쳐다보자 마음이 좀 놓였다. 사실대로 말하고 싶었지만, 입이 떨어지지 않았다.

"예."

"알았으니 성준이는 집에 가세요. 어머니 학교에 오시라고 전화 드렸으니까 그렇게 알고. 다음부턴 이런 일이 없을 거라고 믿을게."

엄마가 오실 거란 말에 성준이는 이맛살을 찌푸리며 후다닥 교실을 빠져나갔다.

선생님이 내 손을 꼭 잡았다.

"민지는 이제 친구를 좀 사귀었니?"

발끝만 내려다보다가 나도 모르게 선생님을 빤히 쳐다보았다. 걱정스럽던 선생님의 눈길이 다정하게 바뀌었다.

"민지를 보면 꼭 어린 시절의 나를 보는 것 같다. 나도 얌전한 편이었는데 친구가 없었지."

선생님은 내 속을 들여다보는 듯이 말씀하셨다. 코끝이 뜨거워졌다. 선생님은 나를 잘 이해하고 계셨다.

"민지는 우리 반에서 단소도 제일 잘 불고, 오늘 보니 용기도 있구나. 친구들이 널 좋아하게 될 거야."

"선생님도 그랬나요? 나중엔 친구를 많이 사귀게 되었나요?"

선생님은 고개를 끄덕이셨다. 선생님이 웅크려 있던 내 마음을 반듯하게 펴주셨다.

다음 날, 놀랍게도 성준이가 나에게 와서 사과를 했다. 나는 또 얼굴이 벌게졌다. 사과를 받아주는 의미로 고개를 끄덕이자 성준이가 돌아서며 키득거렸다.

"얼굴이 완전 익은 토마토야, 큭큭."

이상하게 성준이가 밉지 않았다.

쉬는 시간에 윤아가 내게 슬쩍 말했다.

"야, 민지 네 이름 옆에 칭찬 스티커가 두 개 붙었더라?"

나는 다시 얼굴이 빨개져 고개를 숙였다. 친구들이 날 좋아하게 될 거라는 선생님 말씀이 떠올랐다. 어쩌면 아이들은 벌써 조용한 선생님을 좋아하고 있는지도 몰랐다.

사탕 아홉 알

—할머니 어렸을 때·3

| 이 림

울 할머니는 먹보, 그래서 뚱뚱보.

크~. 오늘 울 할머니가 '사탕 아홉 알' 얘기를 해주셨어. 들어볼래? 이 얘기 들으면 너희들도 울 할머니가 어렸을 때부터 진짜 먹보란 걸 인정하게 될 걸. 울 할머니 말씀 그대로 옮겨볼게.

주아야, 할머니가 꼭 우리 주아처럼 초등학교 2학년 때, 가을이었어. 담임은 얼굴이 아주 동그랗던 하얀 처녀, 권정남 선생님이셨어. 선생님은 어느 날 할머니께 엉뚱한 명령을 내리셨어. 방과 후 교실에 남아 선생님 동생과 같이 그림그리기를 하라고.

그 말씀을 듣고 할머닌 마음이 몹시 불편했어. 난 그리 예쁜 아이도 부잣집 아이도 아니고 더군다나 미술은 내가 제일 못하는 과목인데…… 친구들이 저희들끼리 먼저 고개 넘어 집으로 가 버릴 건데…….

권정남 선생님은 진해에서 통근을 하고 계셨어. 기차를 타고 오가셨는데, 아마 진해에 사는 선생님 동생이 오후 기차를 타고 와 선생님과 같이 돌아갈 계획이었지 싶어.

어쨌든 좀 있다 선생님보다 더 얼굴 새하얀 선생님 남동생과 내가 마주 보며 그림을 그리고 있었던 것 같아. 어떤 걸 그렸는지 전혀 모르겠어. 그 애가 가지고 온 새 크레파스를 보고 잔뜩 주눅이 들었던 것만 기억나. 까맣게 때가 묻어 힘주어 칠하지 않으면 무슨 색인지 모르는, 딱딱한 내 몽당 크레용과는 너무나 달랐지. 그날은 내내 그 애 새 크레파스로만 그림을 그렸던 것 같아. 마치 물처럼 술술 칠이 잘되는 것에 당황해하며.

그림이 다 되어갈 즈음, 선생님이 그 애 팔을 붙잡고 일어서시겠지. 어디 잠시 다녀오마고 하셨어. 크레파스와 도화지는 그 자리에 그대로 널브러져 있었던 것 같아.

선생님이 교실을 나서며 내게 돈을 내밀겠지! 얼마짜리였는지는 모르겠지만 자그마한 종이돈이었던 것 같아.

"이 돈 가지고 점방 가서 사탕 사서 하나 묵고 있어라아."

돈으로 사탕을 사라니……?

그때까지 내 손으로 돈을 써 본 적이 거의 없었단다. 공책이나 연필 같은 학용품은 마산에서 학교를 다니던 큰언니 – 우리 주아한텐 큰이모할머니 – 가 사서 대고 있었고, 도화지 같은 것은 작은오빠나 아니면 사촌 언니가 대신 사서 주곤 했어. 그러니 돈으로 사탕을 산다는 건 꿈같은 일이었지. 이따금 아이들이 주홍, 노랑, 혹은 초록빛 사탕 위에다 굵고 하얀 설탕을 뿌린 걸사 먹는 걸 보며 얼마나 부러워했는지 몰라.

돈은 진짜 힘이 컸어. 자그마한 종이돈 한 장이 무려 아홉 알이나 되는 사탕으로 바뀌어 왔지. 암튼 아홉 알로 기억이 나. 헌 책장을 찢어 싸 주는 사탕 아홉 알을 보물처럼 움켜쥐고 교실로 돌아왔을 때, 날아갈 듯 좋았어.

선생님 책상 위에 사탕을 놓고 천천히 한 알을 골랐어. 아마도 제일 크고 제일 빛깔 고운 걸로 골랐겠지.

"……하나 묵고 있어라아."

분명히 한 알은 내 것이니까.

그런데, 그 귀한 내 사탕 한 알이 입속에서 다 없어질 때까지 선생님은 돌아오지 않았어.

'그래! 선생님한테는 여덟 알만 받았다고 하면 되겠다!'

나쁜 생각이 들겠지. 눈 깜짝할 새 사탕 한 알이 또 내 것이 되었어.

그런데 두 번째 사탕이 다 녹아없어질 때까지도 선생님은 돌아오지 않으셨어.

'그래! 선생님한테는 일곱 알만 받았다고 하면 되겠다!'

가슴은 두근두근, 얼굴은 화끈화끈.

다음 알도, 그 다음 알도…… 댕그라니 두 알밖에 남지 않았을 때에야 정신이 번쩍 들겠지.

'우짜노…….'

하지만 선생님은 돌아오지 않으셨어. 먹은 사탕도 다시 돌아오지 않았고.

기다리다가, 기다리다가 남은 두 알까지 다 먹었어. 기다리기에 지쳤던 것 같아.

해가 지려 하고 있었어. 오슬오슬 추워지기까지 했어.

그때부터는 다 먹은 사탕 아홉 알 때문이 아니라 혼자 집에 갈 일이 무서웠어. 어떻게 나 혼자 문둥이 고개를 넘어 집에까지 왔는지는 아무리 생각해도 기억이 나질 않아. 도망치듯 교실을 빠져나온 것밖에는.

다음 날 아침, 학교 가는 걸음은 태산처럼 무거웠어. 어제 일이 꿈이길 바랄 뿐이었지.

'와 사탕은 혼자 다 묵고, 선생님이 오지도 않았는데 가삐랐노?'

선생님께서 물으시면 뭐라고 대답해야 하나?…… 그런데 참 이상했어. 선생님은 전혀 아무 말씀도 하지 않으셨어. 어제 일을 까맣게 잊어버리시기라도 한 것처럼. 어쩌면 좀은 미안한 얼굴로 나를 보았던 것도 같고.

할머닌 지금이라도 선생님을 만나면 꼭 한 번 여쭈어보고 싶단다.

"선생님 그때 '사탕 사서 하나 묵고 있어라' 했습니꺼, 아니믄 그냥 '사탕 사서 묵고 있어라' 했습니꺼?"

울 할머니 진짜 먹보 맞지?

사탕을 한꺼번에 아홉 알을 먹다니… 뭐, 부럽다고?

하긴 울엄마나 너희들 엄마들이나 사탕을 한 알 이상 못 먹게 하잖아. 큰 마트 가서 한 달치를 다 사놓고는 말이야.

고모의 선생님 찾기

| 정희숙

초대 손님

일요일 오전, 고모와 같이 텔레비전을 보고 있다. 〈추억 속의 사람들〉. 인기연예인과 예술가, 운동선수 등 유명인들이 출연하여 그리운 사람과 만나는 프로그램이다.

"선생님, 오셨어요?"

인기 연예인 이보라 언니가 초대 손님을 부른다. 이보라 언니는 유럽에 한류문화를 전한 주인공이다. 지금 곧 내 또래 초등학교 5학년 때의 담임선생님과 만날 것이다. 인자한 아버지 같았던 선생님이 어떻게 변하셨는지 궁금하단다.

사회자와 방청객이 지켜보고 있다. 선생님이 정말 오시기는 했을까. 때론 연락이 닿지 않아 못 만나는 경우도 있다. 혹시 안 나오면 멋쩍고 무안해서 어쩌나. 나까지 조마조마해진다.

"선생님, 오셨으면 빨리 나오세요!"

다시 재촉을 한다.

드디어 오늘의 주인공, 할아버지가 된 선생님이 활짝 웃으며 걸어 나오신다. 무대엔 환영의 손뼉 소리가 넘친다. 이보라 언니가 선생님을 안아드렸다. 쭈글쭈글한 선생님 얼굴에 함박 웃음꽃이 피었다.

"선생님 좋아하시는 것 좀 봐. 완전히 하회탈이네."

고모는 크게 활짝 웃는 사람을 하회탈이라 한다.

"나도 찾아뵙고픈 선생님이 계시는데, 네가 좀 찾아줘."

나는 시큰둥했다. 고모의 선생님이라면 호호백발이겠다. 고모는 50대 후반이다.

"선생님 말고 좋아했던 남친 있으면 찾아드릴게요."

그러면 왠지 재미있는 일이 벌어질 것 같다.

"아냐, 선생님부터 찾아줘."

남자친구 아니면 재미없다. 할아버지 선생님은 내 관심 밖이다.

"고모가 찾아보세요. 인터넷에 선생님 찾기 사이트 있대요."

고모가 서운한 기색을 드러냈다.

아차, 고모의 약점을 건드렸다. 내가 너무 쌀쌀맞았나. 고모는 인터넷을 할 줄 모른다. 현대판 원시인이다. 킥킥, 우습다. 그러게 진작 좀 배워두시지. 고모는 컴퓨터라면 손사래를 친다. 컴퓨터가 얼마나 편리한 줄도 모르는 우리 고모, 참 답답하다.

"그러지 말고 좀 찾아줘."

"바빠요. 다음 주 시험이에요."

"있다 떡볶이 해줄게."

앗싸. 고모의 떡볶이, 아주 맛있다. 귀찮지만 할 수 없다.

"근데 고모, 어떤 선생님을 찾으려고요?"

"초등 4학년 때 담임이셨는데. 빚진 게 있어서."

고모가 선생님께 빚을 지다니? 선생님께 돈을 빌려서 과자라도 사먹었을까.

"무슨 빚을 얼마나 졌어요?"

"아마 400원이었을 거야. 늘 기억하고 있었는데 하도 오래돼서 이젠 까먹었네."

"푸하, 꼴랑 400원 가지고."

옛날 돈이긴 하지만 400원은 떼먹어도 부담 없을 것 같다.

"4만 원도 아니고, 4천 원도 아니고 1400원도 아닌 그까짓 400원."

"400원보다 마음의 빚이 더 컸어."

고모는 그 빚을 꼭 갚고 싶단다. 어쩌다가 선생님께 빚을 져 놓고 여태 갚지 못했을까. 사연을 들어봐야겠다.

마음의 빚

나(고모)는 어릴 때부터 말없는 아이였어. 집에서도 형제들

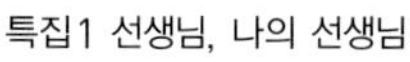

사이에 치여 기죽어 지내고 학교에서도 늘 조용한 외톨이였지.

초등학교 4학년 때였어.

담임선생님이 내게 따뜻한 관심을 보이셨어. 자폐아 같은 내가 측은해 보이셨나봐.

산수(수학)시간에 선생님이 칠판에 나가서 문제를 풀라고 하셨어. 숫자의 크기를 부등호로 표시하는 쉬운 문제였지. 나는 답을 쓴 다음 자리로 돌아왔어.

선생님이 아주 흐뭇한 얼굴로 말씀하셨어.

"답도 맞았고 부등호도 아주 잘 그렸다. 부등호를 이렇게 보기 좋게 그리기 쉽지 않은데 나보다 더 잘 그렸어."

선생님은 마치 내가 대단한 일이라도 해낸 것처럼 추켜세우셨어. 그까짓 부등호 모양까지 들추어서 칭찬을 하시다니. 아이들 앞에서 칭찬을 해주시려고 일부러 쉬운 문제를 풀라고 하신 것 같았어. 나는 얼떨떨했어. 한 번도 남에게 칭찬을 받아본 적이 없었거든.

학급회의 임원을 뽑을 때였어. 회장, 부회장은 다수결로 뽑았지. 서기(회의 내용을 기록하는 사람)를 뽑을 차례가 되자 선생님이 말씀하셨어.

"서기는 글씨를 예쁘게 잘 써야 해."

그리곤 나를 지명하셨어. 내 보기엔 남학생 손기명*이 나보다 글씨를 더 잘 쓰는 것 같았지만 내가 서기가 되었어. 기명이에

---

*손기명 : 지은이의 4학년 때 같은 반 남자아이.

게 좀 미안했어.

나는 학급회의 때마다 회의록을 적었어. 무엇보다 신나는 건 전교회의에 참석하는 일이었지. 까만 회의록을 들고 회장, 부회장과 함께 전교학생회의에 참석할 때면 어깨가 으쓱거렸어. 마치 내가 대단한 사람이라도 된 것 같았어. 처음으로 느껴보는 자부심이었지. 집에서도 그렇게 뿌듯했던 적은 한 번도 없었으니까.

일기장 검사시간이었어. 선생님이 내 일기를 반 아이들에게 읽어주셨어. 아주 잘 썼다고 칭찬을 하시면서 말이야. 일기 제목이 '잃어버린 연필'이었어. 연필이 없어졌기에 동생 때문인 줄 알고 원망했다. 그런데 알고 보니 그게 아니라는 내용이었지. 나는 가슴이 두근거렸어. 일기를 공개적으로 읽어주시기는 그때가 처음이었거든. 그 뒤에도 그런 일은 없었어. 나는 그만큼 큰 칭찬이라고 생각했어.

나는 받아쓰기 시간이 가장 좋았어. 낱말 카드의 순서까지 줄줄 외울 정도로 받아쓰기는 자신이 있었으니까. 만날 같은 낱말을 되풀이해도 틀리는 아이들이 많았거든.

그러나 책읽기는 아주 젬병이라 그 시간만은 피하고 싶었지. 나는 지명을 당할까봐 조마조마했어. 그런데 몇 번이나 책을 읽게 되었지 뭐니. 혼자 일어서서 책을 읽으려면 다리가 후들거렸어. 소리도 웅얼웅얼 입에서만 맴돌았어. 책을 읽으면서 선생님을 훔쳐보면 안타까운 얼굴로 고개를 갸웃거리셨어. 마치 '글자를 모르는 것도 아닌데 쟤가 왜 저러나?' 하시는 것 같았어. 선생님은 내게 발표력을 길러 주시려고 하셨겠지만 읽기 실력은 나아지지 않았어.

한번은 내가 육성회비*를 잃어버렸지 뭐니.

"육성회비 가지고 온 사람?"

선생님이 조회 시간에 돈을 거뒀어.

"아버지가 주셨는데 운동장에서 잃어버렸어요."

나는 기어들어가는 목소리로 말씀드렸지.

"밉다니까, 미운 짓만 골라서 하네."

도끼눈으로 혼찌검을 내는 엄마(우리 할머니) 모습이 눈에 선했어. 생각만 해도 무서웠지. 엄마한테는 돈 잃었다는 말을 꺼내면 안 돼. 나는 아버지(우리 할아버지)께 돈을 다시 타낼 생각이었어. 그러나 말 꺼내기가 싫어서 선생님이 독촉을 하실 때까지 기다리기로 했어. 다른 반에서는 돈을 못 내서 집으로 쫓겨가는 아이들도 있을 때였어.

며칠 뒤 선생님이 육성회비 미납자에게 언제 가져올 건지 물으셨어. 내 이름도 부르시겠지 생각하며 기다렸어. 그런데 선생님은 그냥 지나치시더라고. 그 다음에도 내게는 회비 내라는 말씀을 하지 않으셨어. 너무 이상했어. 한 달이 지나고 여러 달이 지나도 마찬가지였지.

'돈을 잃은 사람은 안 내도 되는 건가 봐.'

그러다가 4학년이 끝났어. 선생님 덕분에 행복했던 한 해였

---

*육성회비 : 예전에 학교 육성회의 운영을 위하여 납부하던 회비.

는데. 선생님과 헤어지는 게 몹시 섭섭하고 아쉬웠어. 육성회비를 못 낸 것도 마음에 걸렸어. '한 번만이라도 독촉을 하셨더라면 아버지께 말씀드려 돈을 냈을 텐데.' 선생님께 빚을 진 것처럼 마음이 편치 않았어.

5학년이 되었어. 4학년 담임 백홍기* 선생님이 전근을 가셨어. 이제 집에서도 학교에서도 나를 격려해줄 사람이 없었어.

나는 학교가 텅 빈 것처럼 허전했어.

고모의 선생님 찾기

고모처럼 생각한다면 내게는 고마운 사람이 수두룩하다. 하지만 나는 웬만한 관심과 칭찬에도 별로 고마운 줄을 모른다.

"선생님의 칭찬은 내게 가뭄 끝의 단비와 같았어. 그 은혜를 어찌 돈으로 가치를 따질 수 있겠니? 어른이 되어서도 선생님을 생각하면 마음이 따뜻했어. 잃어버린 육성회비도 아마 선생님이 대신 내주셨을 거야."

고모는 늘 선생님을 잊지 않았다고 한다. 고모의 4학년 때 담임 백홍기 선생님을 내가 찾아드려야겠다.

교육청 홈페이지에 접속했다.

'스승 찾기' 클릭을 했다. 실명인증 과정에서 자꾸 오류가 발

* 백홍기 : 지은이의 초등학교 4학년 담임선생님.

생했다. 인증번호까지 입력하고 나면 화면이 멈춰서 다음 단계로 넘어가지 않았다. 결국 오류 횟수 초과로 더 이상 할 수가 없었다. 괜히 시간만 까먹었다. 나는 다음 주 시험 끝나고 다시 해 볼 생각이었다.

"빨리 찾아뵈어야 하는데……."

고모는 초조해서 안절부절못했다.

"지금까지 잘 있다가 갑자기 왜 그렇게 애를 태우세요?"

"그땐 방법을 몰랐으니까 그랬지. 이제 연세가 꽤 되셨을 텐데."

선생님 연세가 대략 여든쯤 되셨을 거란다. 혹시 선생님이 돌아가셨을까봐 불안한가 보다. 살아계신대도 그 사이 돌아가시면 큰일이다. 그러면 소심한 고모는 두고두고 안타까워할 것이다. 이럴 때는 고모가 좀 대범했으면 좋겠다. 그러면 지켜보는 나도 부담이 덜할 텐데.

덩달아 나도 애가 탔다. 일요일이라 교육청에 물어볼 수도 없었다. 일요일 밤이 너무나 길었다.

이튿날 나는 학교에서도 수업에 집중이 되지 않았다. 자꾸만 고모에게로 마음이 쏠렸다. 집에 오니까 고모가 유난히 반겼다. 고모는 종일 일이 손에 잡히지 않더란다. 내가 학교에 간 사이 교육청에 전화를 해보았단다. 당연히 인터넷으로 찾아보라는 말만 들었다. 고모는 차마 인터넷 못한다는 말을 못 했나 보다. 어쩔 수 없이 나만 애타게 기다린 것이다.

다시 해도 안 되기는 마찬가지였다. 고모는 발을 동동 굴렀

다. 그러다가 우리는 다시 교육청에 전화를 해보았다. 역시 인터넷으로 찾아보라고 했다. 내가 전화기를 건네받아 인터넷이 어떻게 안 되는지를 자세히 설명했다. 그랬더니 컴퓨터 성능이 부족해서 그럴 거란다. 당장 컴퓨터를 바꿀 수는 없었다.

나는 고모의 사연을 이야기한 다음 도와달라고 떼를 썼다.

"워낙 오래돼서. 게다가 폐교된 학교라서 기록이 남아 있지 않을 텐데."

자신 없고 성가시다는 목소리였다. 더구나 폐교된 학교는 교장으로 퇴임하신 분의 기록만 남아 있단다.

고모가 다닌 학교는 문을 닫은 지 아주 오래되었다. 지금도 할머니 댁 가는 길가에 텅 빈 교실로 버려져 있다. 넓은 운동장엔 잡풀이 무성하고 낡은 건물은 쓸쓸하고 초라하다. 고모는 평소에도 폐교를 볼 때마다 몹시 안타까워했다. 그로 인해 선생님까지 못 찾게 된다면 더욱 마음이 아플 것이다.

"제발 교장으로 퇴임하셨어야 할 텐데."

내 마음도 고모와 똑같았다. 아니면 고모의 꿈은 물거품이 될 수도 있다. 자료를 찾은 다음 연락을 해주겠다기에 전화를 끊었다. 고모는 전화기를 쥐고 계속 거실을 서성거렸다. 나도 무척 조마조마하고 애가 탔다. 하루가 삼일처럼 여겨진다는 말이 생각났다. 시간이 멈춘 것 같았다.

그러다 전화벨이 울리자 둘 다 깜짝 놀랐다.

다행히도 백홍기 선생님은 교장으로 퇴임하셨단다! 고모와 나는 짝짝짝 손바닥을 마주쳤다. 그러나 좋아하기엔 아직 일렀다.

"제발 선생님이 건강하셔야 할 텐데."

고모의 그 말이 내게는 '아직 살아계셔야 할 텐데'로 들렸다. 우리는 또다시 마음을 졸였다. 텔레비전 볼 때의 긴장과는 비할 바가 아니었다.

전화 거는 고모를 지켜보려니 가슴이 쿵쾅거렸다. 신호가 가는 사이 고모와 나는 숨소리까지 죽였다. 가족이 받아서 돌아가셨다고 하면 어쩌나. 만약에 선생님이 돌아가셨다면 고모가 얼마나 실망할지 모른다.

'제발 선생님이 살아있게 해주세요.'

나는 마음속으로 빌고 또 빌었다. 몇 번을 걸어도 전화를 받지 않았다.

"어디 나가셨겠죠. 있다 밤에 해보세요."

나는 내 방으로 들어와서도 고모에게 마음이 쓰였다. 고모도 더 이상 전화를 걸지 않고 저녁 준비를 하는 것 같았다.

밤이 되자 드디어 통화가 되었다!

나는 재빨리 고모 스마트폰의 '한 뼘 통화' 버튼을 눌렀다. 선생님이 직접 전화를 받으셨다. 내가 듣기엔 아주 건강한 목소리였다. 아니나 다를까. 선생님도 아주 건강하고 즐겁게 잘 지내신다고 하셨다. 함께 근무했던 선생님들도 자주 만나고 날마다 게이트볼도 치신단다. 오늘은 벼가 잘 자라는지 보려고 들에도 다녀오셨단다.

"다음 주에 교장들 모임이 있는데, 그때 꼭 네 자랑을 해야겠다."

선생님도 무척 기뻐하셨다.

고모가 주르륵 눈물을 쏟았다. 눈물을 흘리면서도 얼굴은 웃고 있었다. 가슴이 뭉클했다.

전화를 끊은 고모는 하회탈이 되었다. 고모와 나는 얼싸안고 팔짝팔짝 뛰었다. 마치 텔레비전 출연자가 된 기분이었다.

고모는 골똘히 생각에 잠겨 있다. 행복한 고민 중이다. 막상 연락이 닿고 보니 선생님 은혜에 어떻게 보답해야 할지 모르겠단다.

나도 선생님이 되어야겠다. 그렇다면 고모의 선생님처럼 훌륭한 선생님이 되어야지. 내가 할머니가 되었을 때 고모 같은 제자가 잊지 않고 찾아주면 참 행복하겠다. 상상만으로도 벙긋, 입이 벌어졌다.

"고마운 우리 조카도 하회탈이구나."

입이 찢어져라 활짝 웃는 얼굴, 하회탈.

고모가 손을 내밀었다.

"탈 쓴 김에 우리 탈춤도 추자."

고모와 나는 덩실덩실 탈춤을 추었다. 무릎을 높이 꺾어들고 얼씨구절씨구 춤을 추었다.

—이 작품은 지은이의 실제 이야기입니다.

누나 같았던 교생 선생님

| 조현술

모란꽃이 발갛게 벙글어 오르는 시골 학교의 아침 첫 시간이었어요.

6학년 현두네 교실은 시끌벅적해요. 오늘은 교생 선생님이 오는 날이거든요. 반장인 현두는 친구들과 여러 가지 이야기를 주고 받았어요.

"교생선생님은 남자 선생님일까? 여자 선생님일까?"

학급에서 자칭 미스코리아로 통하는 인숙이가 큰소리로 말했어요.

"그야 당연히 키도 크고 멋진 남자 선생님이 오실 거야. 내 미모에 견줄 수 있는 남자 선생님!"

"우우 - 우이. 착각은 자유니까."

"아니야, 내가 어제 들었는데 말이야. 우리 반의 교생 선생님은 아주 예쁜 처녀 선생님이 오신대."

"와! 만세다."

남학생들이 손뼉을 치며 소리를 질렀다. 아직 첫 시간이 시작되기 전인데 교실은 그런 일로 열기가 뜨거웠어요. 현두네 반은 나이가 많으신 여자 선생님이 담임이라서 교생 선생님만큼은 총각 선생님이 왔으면 하는 생각이 간절했어요.

그때였어요.

"와! 여 선생님이 맞다."

창가에 앉아 있는 영일이가 소리 질렀어요. 창가를 통해 복도에서 담임선생님과 함께 걸어오는 교생 선생님을 본 것이예요. 남학생들의 손뼉이 터져나왔어요.

잠시 후, 교단 위에 담임선생님과 나란히 서서 긴장된 모습으로 학생들을 바라보고 있는 교생 선생님. 솔직하게 말하면 아이들의 실망 어린 눈망울이 초점을 잃고 흔들리고 있었어요.

그때 탁구공이란 별명을 가진 영일이가 톡 튀어나오며 장난기 섞인 말을 야구공처럼 날렸어요.

"에이! 실망이다. 할매다! 할매!"

교실 안은 그만 웃음바다가 되었어요. 책상을 두 손으로 치며 웃는 아이, 발을 구르며 웃는 아이, 손뼉을 치며 웃는 아이들로 교실이 웃음 홍수에 떠내려가는 것 같았어요.

그때, 담임선생님이 나서며 교탁을 탁 쳤어요. 교실이 조용해졌어요. 나이가 많은 여 선생님이지만 학생들을 통솔할 때는 대단한 카리스마를 가지고 있거든요. 선생님이 장난기 어린 목소리로 말했어요.

"야! 너희들 너무한다. 내가 나이 많은 선생님이라고 너희들끼리 모여서 '할매'라고 부르는 것은 좋지만 오늘 이렇게 예쁜 교생선생님을 모시고 왔는데 나보고 할매라니!"

아무 얼굴 표정도 바꾸지 않은 교생 선생님과 담임선생님의 얼굴을 번갈아 보던 학생들은 눈빛으로 서로의 마음을 읽었어요.

'할매는 교생선생님을 보고 한 말인데요.'

선생님도 학생들을 향해 의미 있는 미소를 날렸어요.

이때, 눈치가 빠른 반장 현두가 일어나서 큰소리로 말했어요. 반 아이들은 현두를 관상대 예보관이라고 해요. 그만큼 선생님 속마음을 잘 읽고 있지요.

"예 선생님, 저희들의 장난이 심했어요. 앞으로 조심하겠습니다."

교생선생님은 뚱뚱한 몸매였어요. 얼굴에는 호박처럼 푸짐한 살이 쪄서 어느 모로 보나, 현두네 반 아이들이 바라는 교생 선생님이 아니었어요. 교생 선생님은 아무런 표정을 나타내지 않았어요.

교생 선생님은 칠판에다 자기를 소개하면서 이름 석자를 썼어요. 이름도 참 재미있었어요.

"박효순입니다."

반 학생들은 손뼉을 치며 환영의 표시를 했어요.

영일이가 쉬는 시간에 복도에서 소리 질렀어요.

"박효순 거꾸로 해봐라."

"순효박!"

"어이구 등신들아, 어찌 발음을 그렇게 해. '순－호－박' 이라고 해야지."

복도에는 개구장들의 웃음이 한바탕 일렁이었어요.

그날부터 현두네 반 학생들은 교생 선생님과 보이지 않는 서로의 힘겨루기가 시작되었어요.

현두네 반의 교실 청소는 특이했어요. 교실 바닥에 촛칠을 해서 바닥이 유리알처럼 반들반들했어요. 현두네 반 교실만 그런게 아니고 학교 모든 교실의 청소 방법이 그렇게 했어요.

오늘 청소시간은 특별했어요. 아이들의 눈빛은 서로가 통했어요. 교실과 복도를 아주 깨끗하게 반들반들하게 하자는 것이었어요. 모두가 꿍꿍이 속이 있었어요.

"내일 교생 선생님이 복도를 걸어가시다가 이 미끄러운 복도에서 한바탕 쇼를 하실 거야. "

현두네 반 이이들은 모두가 얼굴에 보름달 같은 웃음을 머금고 집으로 돌아갔어요.

"내일 일찍 학교에 와서 교생선생님이 복도에서 미끄러지는 모습을 보아야지."

다음 날 아이들은 평소보다 일찍 학교에 등교했어요. 모두들 책을 읽는 것처럼 조용히 자습을 했어요. 창문을 열어 놓고 모두들의 눈과 귀가 복도로 쏠렸어요.

영일이가 작은 소리로 말했어요.

"드디어 등장."

현두네 반 아이들은 그 통쾌한 장면을 보기 위해 모두가 숨을 죽였어요.

'하나, 둘, 셋…….'

선생님의 큰 몸집이 복도 창문에 나타났어요.

아주 얌전한 걸음으로 복도를 걸어 교실 문을 드르르 열었어요. 모란꽃처럼 활짝 웃으면서 아이들에게 인사를 했어요.

'이상한데 그럴 리가 없는데, 어제 우리들이 얼마나 복도에 촛칠을 많이 하고 닦았는데.'

교생 선생님은 아무 일 없는 듯 아주 경쾌한 목소리로 말했어요.

"모란꽃, 안녕하세요."

현두네 반은 그 주에 피는 꽃 이름 하나를 먼저 말하고 아침 인사를 하는 것이 습관처럼 되어 있어요.

교생 선생님의 그 밝고 환한 웃음에 모두가 활짝 웃으며 밝은 얼굴로 답했어요.

"예, 선생님, 반갑습니다. 모란꽃."

쉬는 시간에 개구쟁이 3총사 현두, 영일, 만수가 우물가에 모였어요.

"교생선생님이 신고 오신 신은 미끄럼방지용 실내화였어."

"실패다. 이번에는 만수가 해봐라."

"그러지 뭐. 이번에는 실수 없이 할게."

현두와 만수가 무언가 비밀에 담긴 얘기를 한참 동안 했어요. 삼총사는 무언가 모의를 끝내고 교실로 들어갔어요.

수업이 시작되자, 만수가 교생 선생님께 질문을 던졌어요.

아주 용감하고 힘찬 소리였어요.

"선생님, 내일 체육시간에는 축구를 해요."

느닷없는 말에 교생 선생님은 어리둥절했지만, 아이들은 좋아라고 손뼉을 쳤어요.

"선생님, 내일 축구할 적에는 여학생과 남학생으로 편을 갈라요. 선생님께서는 여학생 쪽으로 들어가세요."

여학생 쪽에서 "와!" 함성이 쏟아졌다.

교생 선생님의 머릿속에서 무언가를 생각하고 벙긋 웃기만 했어요.

다음 날 체육 시간이 되었어요.

준비체조를 끝내고 남녀 골문을 정하고 축구가 시작되었어요. 만수의 생각은 빗나갔어요. 교생 선생님이 골킥을 할 것이라 예상했는데 뜻밖에도 여학생 숫자의 반이 골문을 총총히 지키게 하고, 교생 선생님은 하얀 체육복을 입고 아주 빠른 여학생 몇 명만 데리고 공격수에 가담했어요.

드디어 축구가 시작되었어요. 교생 선생님의 동작은 다람쥐처럼 빨랐어요. 릴레이 선수인 영일이, 만수를 제치고 벌써 3골을 연속으로 선생님이 점수를 올렸어요.

체육시간을 마치고 교실에 들어왔지만, 남학생들은 풀이 죽어 말을 잃었지만, 여학생들과 교생 선생님은 교실 한 켠에 둘러앉아 무엇이 그리 좋은지 손뼉을 치며 웃었어요.

종례시간에도 남학생들은 패잔병처럼 말이 적었어요. 그런데

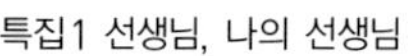

교생선생님의 한 마디 말이 남학생들을 놀라게 했어요.

"오늘 청소는 패잔병 남학생들이 교실, 화장실을 모두 청소합니다. 종례 끝."

여학생들은 얼굴에 여태 보지 못한 함박웃음을 가득 안고 하교했지요. 오늘 축구 시합을 제의했던 만수는 고개를 푹 숙이고 교생 선생님을 원망 어린 눈초리로 바라보기만 했어요.

다음 날은 교생 선생님의 연구수업이었어요. 삼총사와 남학생들은 묘한 웃음을 지었어요. 현두는 삼총사의 그 일에는 빠지고 싶었어요. 여러 선생님이 참관하는데 그 자리에서 엉뚱한 대답을 해서 교생 선생님을 어렵게 하는 것은 장난의 선을 넘는 것이라고 생각했어요.

드디어 연구수업이 시작되었어요. 교실 뒤쪽에는 교장 선생님과 여러 선생님이 왔어요.

"6학년 3반 여러분, 화산 폭발을 영화에서 본 적이 있지요. 우리나라에 화산의 흔적이 어디에 남아 있나요?"

"예, 한라산 백록담, 백두산 천지입니다."

"와! 현두 반장답게 잘했어요."

"오늘 이 시간에는 그 화산 폭발 실험을 하겠어요."

"화산 폭발은 어떤 모습일까요?"

그때, 탁구공 영일이가 용감하게 일어섰어요.

"예, 선생님, 화산 폭발은 항문에서 방귀가 폭발하는 것과 같습니다."

그 말에 교실이 온통 웃음바다가 되었어요. 뒤쪽에 참관해 있

던 교장선생님도 발로 교실 바닥을 치며 웃었어요. 그런데 정작 당황할 줄 알았던 교생선생님은 얼굴에 환한 웃음을 머금고 아이들을 찬찬히 보며 말했어요.

"그렇군요. 영일이 말대로 화산과 방귀의 공통점을 찾아볼까요?"

그날 연구 수업은 교생 선생님의 재치 있는 말과 적절한 자료 제시로 아주 성공적이었다고 칭찬이 자자했어요. 다른 반 아이들도 그 얘기를 듣고 현두네 교실로 놀러오기도 했어요.

교생 선생님의 인기는 학급을 압도했어요. 5월 말 아카시아 꽃이 바람에 날릴 즈음, 오후 종례 시간이었어요.

교생 선생님이 울적한 기분으로 들어왔어요.

"여러분 오늘이 끝인 것 같아요."

그 말을 하고는 교생 선생님이 잠시 고개를 숙였어요. 눈가에 이슬이 맺히는 것이 보였어요. 다른 어떤 말도 없었어요. 현두네 반 아이들을 한 사람씩 눈여겨보았어요. 학생 몇 명이 훌쩍거렸어요. 특히 영일이는 엉엉 소리를 내며 울었어요.

그때, 선생님이 아이들의 얼굴을 기억하고 싶은지 한 번 더 한 사람씩 둘러보았어요. 평소에 그랬던 것처럼 말이 없었어요.

"현두, 너는 잠시 교무실로 오너라."

그 말을 남기고는 교실을 나갔어요.

현두는 영문도 모르고 눈시울을 붉힌 채 교생 선생님을 따라갔어요. 교생 선생님은 교무실로 가지 않고 어느 빈 교실로 가더니, 현두 손을 꼭 잡았어요. 현두의 손에 새 연필 한 다스를 쥐어주었어요.

"현두야, 가난은 죄가 아니란다. 구름처럼 잠시 머물렀다 가는 거야. 저 구름 뒤에 태양이 빛나는 것처럼 말이야."

현두는 왈칵 눈물이 쏟아졌어요.

'선생님이 언제 나의 가정환경까지 챙겨보았을까?'

크레파스

| 최상일

"할아버지."

"왜?"

"색 사인펜 한 통 사주세요."

"우리 강아지 그림을 그리고 싶은 모양이지?"

"네!"

"그러면, 할아버지가 사줘야지. 우리 강아지 그림 그리고 싶다는데."

상한이는 손자를 데리고 문방구로 걸어가다 문득 옛날 크레용이 없어 그림을 그리지 못했던 초등학교 시절 그때 생각이 떠올랐다.

아! 그 선생님은 지금 살아계실까?

내가 참 무심한 사람이구나. 한번 찾아봐야지.

상한 할아버지는 지난 그날의 추억을 따라 걸어가고 있었다.

"상한아, 빨리 일어나라. 밥 먹고 학교에 가야지."

그림물감을 살 수가 없는 상한이는 오늘도 미술시간에 우두커니 앉아 있을 생각을 하니 마음이 쓰립니다.

'할머니를 졸라대도 소용없고……'

일요일 내내 할머니를 따라다니며 졸라대었지만 두들겨 맞기만 한 상한이는 잠을 잘 수가 없었습니다.

밤새워 아빠 생각에 뒤척이다 늦잠에 빠졌습니다.

할머니의 야단 소리에 부스스 일어납니다.

그림물감 하나 챙기지 못한 상한이는 힘없이 학교로 걸어갑니다. 하늘이 흐리고 비가 올 것만 같습니다.

상한이는 언제나 월요일만 되면 마음이 우울합니다.

미술준비를 하지 못하고 학교에 가기 때문입니다.

'학교에 가지 말고 놀아버릴까.'

아빠 생각에 머리를 잘래잘래 흔들며 나쁜 생각을 날려버립니다.

"상한아, 내가 돈을 많이 벌어올게 그동안 공부 열심히 하고 있어. 알았지? 아빠는 너를 믿어."

도시로 떠나시던 날에 머리를 쓰다듬어 주시던 아빠의 느낌이 살아납니다.

'그래, 그럴 수는 없어.' 마음이 여간 괴롭지 않았습니다.

하늘에 구름이 몰려들기 시작하더니 둘째 시간 수업이 시작될 때부터 비가 조금씩 내리기 시작합니다. 비가 내리는 하늘을 쳐다보며 상한이는 마음속으로 속살거립니다.

'오늘은 그리기 하지 말아다오. 오늘은 제발 미술 시간은 하지 말아라.'

하지만 그것은 어림없는 생각입니다.

그림을 참 잘 그리시는 우리 선생님은 미술시간을 제일 좋아하십니다. 미술시간이 되자 선생님은 어김없이 시간표대로 그리기를 하십니다. 상한이는 그림물감이랑 도화지를 꺼내며 시끌벅끌한 교실을 살며시 나왔습니다. 우물가에 가서 벌컥벌컥 몇 모금 물을 마셨습니다. 마음이 좀 가라앉습니다.

"내일은 무슨 날이지요?"

"어버이 날."

반 아이들은 제비같이 입을 모아 말합니다.

"맞아요. 그래서 오늘은 엄마 아빠 얼굴을 그리도록 해요."

"네!"

크레파스랑 물감을 책상 위에 꺼내 놓습니다. 짝지의 크레파스가 커다란 공룡이 되어 상한이의 마음속으로 들어옵니다.

'저 노란 크레파스. 저 크레파스만 있다면, 있다면 나도 잘 그릴 수 있을 텐데.'

순간 짝지의 크레파스 통으로 손이 갑니다.

"안 돼."

짝지 순지가 손을 탁 칩니다.

순지는 노란 색깔의 크레파스를 집어내어 밑그림을 그리기 시작합니다. 도화지에 커다란 동그라미를 그리는 아이. 한쪽 구석에 작은 동그라미를 그리는 아이.

어떤 아이들은 엄마 아빠의 얼굴을 생각하는지 턱을 고이고 생각에 잠깁니다.

"상한이는 뭐하니?"

상한이는 가슴이 덜컹 내려앉는 것 같습니다.

"그림 같은 것 안 그려도 된다. 공부나 잘해라."

돈이 없어 못 사주신다고 하시면 될 걸 꼭 할머니는 그리기 같은 것은 못 그려도 된다고 말씀하셨습니다.

"이상한."

그제서야 정신을 차려보니 선생님이 바로 앞에 오셔서 내려다보고 계셨습니다. 상한이는 놀라 벌떡 일어납니다.

"……."

돌이 눈에서 눈물이 핑 돕니다. 고개를 푹 수그리고 앉으려니 크레파스와 도화지 한 장을 주십니다.

"자, 너도 한 번 그려 봐."

선생님께서 주시는 도화지.

친구들이 상한이를 무슨 이상한 동물을 보듯 쳐다보고 있으니 얼른 받을 수가 없습니다.

"뭐해? 안 받고?"

돌이는 겨우 손을 내밀어 선생님의 크레파스와 도화지를 받았습니다.

친구들이 부러운 듯 상한이를 쳐다봅니다. 상한이는 선생님의 크레파스를 차마 집을 수가 없습니다. 선생님이 가시자 한참 동안 크레파스 통을 매만져보다가 살짝 크레파스 통을 열어봅니다.

'와!'

상한이는 하마터면 큰소리를 낼 뻔했습니다. 크레파스 통 속에는 아직 한 번도 쓰지 않는 크레파스가 가지런히 키재기를 하며 누워 있습니다.

제일 예쁜 빨강색을 하나 골라 하얀 도화지 위에 살짝 문질러 보았습니다. 신기하게도 하얀 도화지에 크레파스가 묻어났습니다. 그것을 보다 짝지인 순지가 타박을 놓습니다.

"이 바보야, 처음에는 노란색으로 그리는 거야."

그만 상한이는 기가 죽어 더 이상 크레파스로 그림을 그릴 용기가 나질 않았습니다. 한참 동안 빨간 크레파스를 들고 이런 생각 저런 생각을 하고 있으려니 그만 수업을 마치는 종이 울렸습니다.

상한이는 선생님, 나의 선생님이 주신 크레파스를 들고 집에 돌아오니 할머니는 밭에 일하러 가시고 강아지 순돌이가 헤!헤! 거리며 달려옵니다.

"이것이 크레파스다. 선생님이 주셨다."

상한이는 밭에 계실 할머니에게 한달음에 달려갑니다.

강아지도 펄쩍펄쩍 상한이를 따라 달려갑니다.

달려가는 들판 길에 아카시아 꽃향기가 한들한들 춤을 춥니다.

"할아버지, 무슨 생각하세요?"

"어! 그래. 문방구에 다 왔네."

이상한 할아버지와 손자는 즐겁게 문방구로 들어서고 있었습니다.

스승과 60여 년 만의 해후

| 오하룡

드디어 60여 년 만에 스승과 상면하는 날이다. 스승과 식사를 하며 하루를 지내기로 한 식당은 다른 손님을 의식하지 않고 여유 있게 지낼 수 있는 널찍하고 한적한 장소였다. 일반 식당에서는 그렇게 전세 내듯 사용하기가 쉽지 않아 미리 좀 아는 식당을 준비한 것이었다.

동창은 30여 명 넘게 참석하였다. 졸업은 50여 명 넘게 하였으나 일부는 참석이 어려운 먼 지방에 떠나 살고 일부는 벌써 여러 명이 세상을 떠났다. 안타깝게도 더러는 지병으로 행동이 부자유스런 동창도 있었다.

동창회라는 것이 동창이면 이유 불문하고 다 참석하는 그런 모임이어야 하나 회칙이 있고 그 규정대로 운영하다보니 참여를 안 한 동창이 있게 마련이다.

가장 중요한 이유가 회비미납으로 회원자격을 유지하지 못하는 것이었다. 회비쯤이야 형편이 좋은 동창이 맡아나가거나 동창회 자체가 안고 나감으로써 그 정도의 문제는 해결하지 않을까 싶었지만 그렇지 않았다.

정말 형편이 어려워 회비를 못 내거나 참석을 안 하면 방법이 있겠으나 동창모임 자체를 별로 의미 있게 생각하지 않고 성실하게 참석하지 않는 데는 방법이 없는 모양이다. 아무튼 스승을 모신 자리에 이 정도 참석했다는 것은 좋은 참석률이 아닐 수 없었다.

그중에는 여자 동창이 7~8명이나 되었다. 우리는 남녀가 한 반이었고 여자 동창은 20여 명 가까이 되었던 것으로 기억된다. 이날 참석이 저조한 것은 개개인의 사정을 다 알 수는 없으나 여러 사정이 있었을 것이다. 남녀 할 것 없이 우리는 모두 일흔 중반에 들어서는 상늙은이들이다. 요즘 여든 넘어 아흔을 웃도는 장수 시대라지만 이러나저러나 일흔 중반은 여든 밑자리를 깐 노인으로서 결코 수월하게 볼 계층이 아닌 것이다.

스승은 진작 고향을 떠나 지금 청주에 기거하고 계신다. 아드님이 거기 자리 잡아서이다. 내외분이 계시다가 지지난해에 사모님이 먼저 타계하시고 아드님이 합가를 원하고 있으나 스승은 활동할 수 있을 때까지 혼자 있겠다는 고집을 견지하고 계신다는 소식을 듣고 있었다.

60년 만에 뵙는 스승은 많이 변해 있었다. 열혈청년의 검은 머리는 백발이 되었고 얼굴에는 흡사 분장한 것처럼 저승반점을 덮어쓰고 있다. 여든 중반을 넘었으니 그럴 수밖에 없다. 스승이 이렇게 보이는데 나 같은 경우 스승 눈에 어떻게 보일까. 까까머리 열네 살짜리 소년이었다.

스승은 몇 년 전에 자신이 보관하고 있던 졸업사진을 보내주시면서 까만 점처럼 보이는 인물 가운데 나를 분명하게 지적하시었다. 어렴풋이 짐작을 하였겠으나, 자신만큼은 아니지만 칠십 중반의 늙은이로 변한 제자 모습은 가히 실망 그 자체가 아닐까 싶기도 하다.

스승은 제자들이 초청하는 자리에 이처럼 참석할 정도로 건강을 유지하는 것만으로도 보통이 아닌 것이다. 나는 좀 늦게 참석하여 식사 중인 스승께 다가가 담담하게 절을 하였다. 그동안 정말 서신조차 변변히 나누지 못하고 처음으로 대면하는 자리라서 또 다른 감회의 순간이었겠으나 많이 무뎌진 탓일 것이다. 한 사람씩 스승께 다가가 잔을 권하고 스승은 안부를 개별적으로 묻기도 하는 정경이 이어졌다.

스승의 성함은 손보곤 선생님이시다. 학교는 지금은 그 자리조차 희미한 창원공단 남쪽 끝머리쯤에 위치한 장복산 밑의 안남초등학교였다. 가난하고 가난한 학교였고 학생들이었다는 기억뿐이다.

학교가 있던 자리에 기념비가 서 있다는 얘기는 들었으나 가보지는 못했다. 공단이 들어서며 없어졌다가 정확히 30년 후 그 이름이 창원 대방동에서 복원되어 전통이 이어져 온다는 소리를 들었다.

스승은 우리를 5, 6학년을 연거푸 담임했다. 우리와 12세 앞서시니 지금 여든 여덟이신 것 같다. 졸업 무렵 우리 나이가 거의 14세 평균이었으니 스승은 당시 26세의 꽃다운 청년이었다,

그때의 나는 참으로 존재감이 없었던 같다. 학교 때의 기억되는 것이 별로 없다. 습자시간에 칠판에 분필로 써 놓던 스승의 글씨가 참 멋있었다는 것과 스승의 키가 컸었다는 정도밖에는 도통 기억이 나지 않으니 답답할 노릇이다.

졸업 무렵 어느 날 숙직실로 쓰던 건물 앞을 지나치는데 거기서 동급생 몇 명이 부수수한 행색으로 나오던 모습을 보았다. 나중에 들으니 당시 명문 중학교에 들어갈 아이들은 선별적으로 과외 수업을 받고 있었던 것이다.

그 광경이 오랫동안 잊히지 않았던 것은 내 어려운 형편은 생각도 못 하고 내가 거기에서 소외되었다는 박탈감 때문이 아니었을까 싶다. 그 존재감 없던 제자가 이제 인생의 종언을 앞둔 무렵에 스승 앞에 명색이 문인이 되어 나타났으니 스승으로서 감회가 남달랐을 것이라는 생각을 했다.

내 스승은 어디가 달라도 보통 스승보다는 달라야지 하는 생각을 했는데 스승의 안부를 알고 난 후 들으니, 그동안 애지중지 모았던 선생 때의 봉급명세서를 비롯한 요즘은 구하기 힘든 희귀한 자료를 경남교육청 산하 교육자료관에 기증하였다는 신문기사가 났었다는 것이었다. 그렇지 내 스승이시니 다른 선생님들보다는 다른 데가 있었구나 하는 존경심이 우러나는 것을 어쩌지 못했다.

우리 대다수는 그날 저녁 먹는 것으로 헤어졌으나 스승은 가까운 여관에서 일박하셨다. 나는 회사일로 다시 출타했다가 밤이 늦어 숙소로 인사차 찾아갔다. 파파 할머니가 된 여자 동창생 몇이 스승과 나란히 한방에 이불을 깔고 함께 일박을 준비 중이었다.

혼자 주무시는 스승을 그냥 두고 갈 수 없다면서 여 동창들이 찾아준 것이다. 이렇게 있으니 스승이나 제자는 연령 따위 차이가 없다. 그냥 할아버지고 할머니다. 잔정이 많은 여 동창들이 그래도 제자 노릇을 끝까지 하는 모양이 보기 좋았다. 여 제자들은 나처럼 스승과 거의 연락을 끊고 있은 게 아니라 그동안 소식은 나누고 있던 참이어서 그렇게 낯설지 않은 탓도 있었다.

여생이 얼마 남지 않아 보이는 손보곤 선생님, 기억을 못 해서 그렇지 가장 감수성이 예민하던 초등 5, 6학년 시절 얼마나 우리를 위해 애써주셨을 것인가. 특히 정규교육기간이 짧은 나에게는 가장 중요한 시기의 길잡이였을 스승이 아닐 수 없다. 어찌 그 고마움을 잊을 수 있으랴. 멀리 계시니 마음으로 건승을 빌 수밖에 없는 형편이 안타까울 뿐이다.

경남아동문학회와 나

창립 그 시절에 생각나는 것들

김현우

1976년 창립총회 전후

경남아동문학회 창립 회장을 맡게 된 연유야 어찌 되었건 참으로 버거운 직함에 역부족으로 2년여 그때 그 기간은 너무나 길고 힘든 세월이었다. 지금 돌이켜 보면 어언 40년의 세월이 흘렀고 기억이 희미해져서 그때 일들이 실감이 나지 않게 되어버린 듯하다.

겨우 기억을 더듬어 우리 경남아동문학회 첫걸음이 어떻게 전개되었나 살펴보고자 한다.

우리 경남아동문학회가 태어난 때는 1976년도이다. 우리 아동문학회가 출발하게 된 좋은 계기가 된 것은 바로 경남도내 교원들과 아동들의 작품집 《꽃무지개》를 펴낸 인연 때문이었다.

경남도내 교단에서 문학을 하는 교원들의 동시, 동화, 수필 등의 작품과 아동들의 글을 모아 펴낸 소년 · 소녀 글짓기교실 《꽃무지개》[1]는 경남 도내에서 처음 있었던 일로 큰 반응을 불러일으켰다. 그때 참여한 필자는 46명으로 대부분 문단에 등단했거나 《새교실》 같은 교단 잡지에 글을 발표했던 분들로 교장, 교감, 장학사, 교사들로 다양하였다. 하여간 아동문학에 큰 관심을 가진 교육계 인사들이 모두 참여한 작품집 발간은 그 당시 전국적으로도 없었던 일로 크게 주목받았으며 도내에서 큰 인기를 얻었다. 그때 이 일을 주도하기는 경남의 아동문학계의 대표로 동분서주하였던 인기 동화작가 임신행 선생과 당시 경남신문사 문화부에 재직하고 있었던 장의구 기자 두 분이었다.

1976년 그 여름 내내 《꽃무지개》 원고를 낸 분들이 의기투합 논의 끝에 경남도내의 아동문학가들이 뭉쳐서 친목과 작품 쓰기와 공부에 서로 도움을 주고받는 단체를 구성하기로 합의하였다.

성숙된 분위기를 끝까지 이끌고 나간 분은 임신행과 정목일 선생이었고 드디어 1976년 11월 7일, 마산 가포에서 창립총회를 갖게 되었다. 창립총회에서 회장 김현우, 부회장 정목일, 조평규 등이 선출되었으며 한 달 후인 1976년 12월 27일, 《꽃무지개》 출판기념회를 겸한 정기총회를 개최하였고 그때 임원을 보강 선출하여 경남아동문학회가 제대로 틀을 갖춘 아동문학 단

---

1) 《꽃무지개》 : 임신행 · 장의구 엮음(1976. 12. 10 펴냄)

체로 출발하게 되었다.

이때 임원은 회장 김현우(동화), 부회장 정목일(동화) · 김근숙(시), 상임이사 임신행(동화), 사무국장 조무근(동시), 이사 이수정(동시) · 공창섭(평론) · 현동화(평론) · 문신수(동화) · 박일(동시) · 옥미조(동시) · 최진기(동시), 감사 권영현(동시) · 이재천(동시) 선생 등이었다.

● 경남아동문학회가 할 일 선언

그때 경남아동문학회가 앞으로 나아가야 할 지향점과 창립 취지 등을 담은 〈경남아동문학회가 할 일〉을 선언하게 되었는데 내용은 다음과 같았다.

경남아동문학회가 할 일

우리는 한 그루 사과나무를 심기 위하여 모인 것이지 사과를 따 모으려고 모인 것은 절대 아니다. 어느 생물이나 끼리끼리 두 모둠사리를 통하여 한 사회를 이룬다.

소나무는 소나무 사회가 있고, 배나무는 배나무가 모여 배나무 사회를 이룬다. 우리도 그런 심정으로 모여 경남아동문학회를 창립했다.

우리는 서로서로 손을 잡고 아이들을 위해 열심히 일할 것이다. 밤이면 그 어둠을 밀고 원고지 칸을 메울 것이다. 부성 부성

한 얼굴로 출근하여 아이들 앞에 서 있는 서로를 우리는 위로하고 격려하며 살아갈 것이다.

이 땅의 아동문학사에 빛을 내고자 욕심을 부리지 않는다. 다만 한 줌의 쌀을 모으는 주부의 마음으로 확실히 우리는 일해 나가고 싶다.

그 사업을 밝히면 (…중략…)

이 사업을 위해 우리는 성실히 일할 것이다. 그리고 이 사업을 추진하기 위하여 뜻있는 분들과 따뜻한 대화를 가지기를 희망한다.

우리는 한 그루 사과나무를 심기 위하여 모인 것이지 사과를 따 모으려고 모이지 않았다는 것을 다시 한 번 확인한다.

이 선언문을 다시 읽어보니 그때 참 순수한 마음으로 어린이를 사랑하는 따뜻한 사랑으로 뭉쳐서 경남아동문학회를 창립한 것임을 재삼 확인하게 된다.

· 명칭과 연간집 발간에 관해

최근 우리 '경남아동문학회' 란 명칭을 사용하는 난데없이 유사단체가 생겼고 그 짝퉁단체에서 '경남아동문학' 이란 제호로 연간집을 2권이나 내는 참 희한하고도 믿기지 않는 일이 발생했다. 그 때문에 회원들이 짝퉁에 대해서 웅성거리고 경남의 원로 아동문학가들이 모여 대책을 숙의하기도 하고 그런 일을 일으킨 사람에게 항의도 하고 시정을 요구하기도 했다. 경남에서 정답게 어깨동무하고 함께 가는 아동문학가들을 부끄럽게 하는 일이 생겨 초대 회장으로서도 난감하고 참람僭濫함을 금할 수 없다.

창립 당시 참여한 아동문학가들은 이구동성으로 '중앙이라는 서울에서는 아동문학 단체가 둘로[2] 나뉘어 있지만 우리 경남에서만은 중안문단에 따르지 말고' 똘똘 하나로 뭉쳐 "서로 치료하고 절망에 있는 친구에게 따뜻한 손을…… 더운 정으로 '경남아동문학회'가 모였음을 우리의 이웃에게 알리고 싶다."[3]고 회원 서로 다짐하고 약속했었다.

그 당시 '경남아동문학회'가 마치 "○○아동문학회"란 명칭을 사용하는 중앙의 어느 단체의 소속인 것처럼 오해를 살 소지나 우려가 있으니 "한국문인협회" "한국소설가협회"처럼 "○○아동문학가협회"로 하자는 명칭 사용에 대한 다른 의견도 제시되었다. 그러나 '협회'란 명칭은 여러 단체가 모였을 때 사용하지 않겠느냐? 또는 그 당시 다른 시도에서도 대부분 "○○아동문학회"로 사용하고 있으니 그에 따르자는 의견이 우세하여 결국 현재의 단체명으로 결정되었다. 사실 '아동문학회'란 명칭은 문학평론을 하는 교수나 학자들의 모임 성격에 적당해 그런

---

2) 당시 한국아동문학가협회(회장 이원수)와 한국아동문학회(회장 김영일)로 양분되어 있었다. 후에 통합 논의가 활발했으나 무산되어 한국아동문학가협회와 한국현대아동가협회 2개 단체만 통합되어 1991년 한국아동문학인협회로 바뀌었다.

3) 경남아동문학회 77/ 연간집 《하얀 찔레꽃들》 편집후기(임신행)

곳에서 많이 사용하고 있고 또 다른 한편 등단하지 않은 문학지망생까지도 회원으로 받아들이는 아마추어 단체 같은 느낌을 준다고들 하였다. 이제 내년이면 창립 40년이고 그때는 등단 않은 분들도 회원 중에는 있었으나 지금은 모두 등단한 실력 있는 아동문학가들이 회원이니 아동문학가[4]들의 단체에 걸맞은 호칭을 사용할 시기가 되었다는 생각이다.

또 연간집을 발간할 때 그 명칭도 경남아동문학 "창간호", "제2호" 등으로 사용하자는 의견과 매년 단행본 형식으로 발간하면서 책 제호題號도 어린이들에게 친근감 있게 새롭게 바꾸면 책의 보급도 유리하다는 두 가지 의견이 제시되었다. 또 다른 걸림돌이 있었는데 그 당시(박정희 시절) 정기간행물 발간에 관한 법인가 규정에 의하면 당국의 허가 없이 매년 같은 제호를 사용하면서 호수를 매겨나가는 잡지나 문학지(계간, 반연간, 연간집)를 발간하면 불법 간행물로 간주 처벌을 한다는 문제였다. 그래서 여러 문학단체에서는 처벌을 각오하고 《○○문학》 '제○호' 로 발간하기도 했고[5] 우리처럼 매년 제호를 바꾸어 발간하기도 했었다.

마음 약한 우리들은 당국의 눈치 보기에도 그렇고 매년 새로

---

4) '가' 와 '인' 의 문제 – 소설가, 수필가 등 일가를 이룬 문인들에게는 '가' 붙임이 적절하고 '인' 은 시인의 호칭으로 적절하다는 의견이 있다. 아동문학은 동화를 쓰는 이에게는 동화작가로 동시를 쓰는 이에게는 동시인으로 불리니 아동문학가, 또는 아동문학인 두 명칭 중 어느 것을 사용해도 적절하지 않겠나 하는 의견이 있다.

5) 마산문인협회에서는 1974년 《마산문학》 제3집으로 간행했었다.

꾸면서 아동에게 친근한 제호를 사용하여 책을 내면 보급하기에도 쉬워 발간 경비조달에도 큰 힘이 될 것이란 생각에 이르게 되었다.

1977년 우리 문학회의 첫 연간집(창간호) 《하얀 찔레꽃들》이 1977년 10월 1일 "아동문예사"에서 나오게 되었다. 이번에 연혁을 정리하면 창간호부터 호수를 매겨 나가니 2014년 10월에 발간된 연간집 《느티나무 둥지》는 "경남아동문학"(제28호)에 해당되었다. 2015년부터는 가급적이면 제 몇 호란 것을 표지에 당당히 표시해서 역사와 전통(?)이 있는 문학단체의 연간집임을 널리 알려야 하지 않겠는가 하는 생각이 된다.

창간호에 글을 실은 회원은 다음과 같다. 대부분 초지일관 창립 때부터 지금까지 회원으로 활동하고 있는 분들이 많다. 그러나 아마 처음 들어보는 이름도 있을 것이고 이제 타계하였거나 우리 아동문학과 거리를 둔 문인들도 다수 있을 것이다.

· **동시** – 차보현, 황선하, 김근숙, 임신행, 조무근, 박 일, 김보람, 김복근, 주중식, 손광세, 최익림, 이창규, 박규련, 김택주, 김형진, 김구용, 하학길, 권영현, 석명옥, 박원균, 하계흔, 강인섭, 최재석, 주우환, 이은용, 하태무, 최진기, 현동화, 윤관수, 박명석, 김기수, 이공우
· **동화** – 문신수, 정목일, 옥미조, 한수연, 신충행, 김현우, 정시운, 이재천, 류승룡, 정호원
· **수필** – 배혜숙, 장무영, 안원상, 민점순

주소록을 보면 회원 숫자가 66명이었으나 작품을 낸 회원은 46명이었다.

1978년에 두 번째 연간집 〈경상도 아이들〉을 내려고 원고를 모았으나 출판경비 조달의 어려움으로 우물쭈물하다 다음 해로 미루고 말았는데 그만 10여 년간 연간집을 발간하지 못하는 어려움을 겪게 될 줄이야.[6)]

이러저러한 경위를 잘 아는 사람이 최근에 그걸 교묘하게 이용하여 큰 사달을 일으킬 줄이야 그 당시 누가 예측이나 했겠는가? 동도의 길을 걷는 문학인으로 차마 할 수 없는 일이라 생각된다.

● 아동문학가는 작품으로

문학을 하는 사람은 그 작품으로 평가된다. 결코 글 쓰는 일 이외의 활동이나 그 무엇으로 평가될 수도 없고 후세에 이름 석 자 남기지 못할 것이란 생각이 든다.

우리 경남의 아동문학가들은 오로지 작품 쓰기에 매달려 좋은 동시, 읽히는 동화를 발표하기에 전념하여 앞서 선언한 〈경남아동문학회가 할 일〉에 충실하였으면 좋겠다.

---

6) 경남아동문학 회보는 여러 해에 걸쳐 발간되었으나 연간집 제2호는 1989년에야 《눈으로 크는 아이》가 발간되었다.

경남아동문학상과 경남학생백일장의 인연

—4대 8년(3·4·8·11대) 간의 회장 활동 내용을 돌아보고

이창규

머리말

경남아동문학상 시상과 경남학생백일장 개최가 본회의 중심 행사로 이루어지고 있어 세상의 어린이들과 아동문학가들 사이에 소통의 마당이 되고 있다. 따라서 경남아동문학회의 발전은 전국적으로 선두적인 연혁과 개인 회원들의 왕성한 활동으로 나날이 빛나고 있는 것이다. 김현우 회장의 창립(1976), 발기도 전국 처음, 연간집 《하얀 찔레꽃》(1977)과 아동문학상도 전국 처음, 학생 백일장도 처음, 전국 합동 아동문학 세미나도 처음, 아동문학 최다 저서도 전국 최고를 자랑하는 임신행 씨, 아동문학 도서 한 권을 28쇄 이상으로 추종을 불허한 한수연 씨, 조평규 씨 등 멋쟁이 회원들과 함께하는 것으로도 풍성한 경남아동문학회의 일원임이 자랑스럽다.

창립 당시에는 회원으로 시키는 대로 따라다니다가 다음 해 글짓기교실 《꽃 무지개》(1976)와 연간집 《하얀 찔레꽃들》(1977)에 작품을 발표하면서 열성 회원으로 아동문학에 몰입, 활동하였다.

창립회장 김현우 회장, 2대 임신행 회장, 1989년 제3대 회장으로 본인이 피선되면서 경남아동문학상과 인연을 맺게 되어 성사시킴으로써 경남아동문학상이 전국 처음으로 시행되었다.

다음 해에는 본인 임기 중에(1991. 3) 전국 처음으로 '전국어린이 시낭송 창원지역 대회'를 개최하면서 '회보(1990년 제3호)'도 발간하여 내고, 경남학생작품 공모 및 백일장을 개최하면서 회원들의 아동문학 저변 확대와 개인의 성장을 함께 돌아보면 경남아동문학을 위해 쉴새없이 뛰어온 것 같다.

경남아동문학상 탄생의 인연

아동문학에 선도적인 임신행 전 회장은 본회 아이디어 맨으로 좋은 생각을 종종 전해왔었다. 이를테면 '경남아동문학관'을 만들자라든가, '영호남 배구대회'를 개최하자, 마산회원초등 6학년에 재학하였다는 노재봉 총리의 아동문학 글짓기 작품을 찾아 연간집 특집으로 꾸며 내자.' '남명특별상을 제정하자'는 등 좋은 아이디어를 제공해 주었던 것이다.

자기가 회장 때부터 경남아동문학상의 의견을 내어놓았으

나, 후견인을 찾지 못하다가 본인이 회장으로 재임하면서 임신행 전 회장의 의견을 접수하여 후견인으로 부산교통 사장 조옥환 씨와 의논을 하려고 만나기 전 친척인 조평규 전 회장에게 의견을 제시하여 반응을 알아보았더니 응답을 하였다고 해서 진주 본사로 가서 확답을 받아 실행에 옮기게 되었는데, 이것이 인연으로 연결되어 제1회 경남아동문학상을 시상(1990)하면서 회원들에게 창작 의욕을 불러일으키면서 오늘에 이르고 있는 것이다.

경남아동문학상 제정이 인연으로 연결되었다는 것은 이렇다. 회장이 잘해서가 아니고, 후견인과의 친척이나 잘 아는 사이여서 맺어진 것보다 오직 후견인의 신념 같은 이야기를 나에게 들려 주어서 알게 되었다. 그래서 인연으로 연결된 경남아동문학상이라고 나는 생각한다.

조옥환 사장님은 이미 남명 조식 선생을 훌륭한 조상으로 받들기 위해 재산과 모든 것을 투입하면서 남명 선비 축제를 치르는데 주역을 맡고 있는 것이다.

여러 다른 단체에서 지역별로 많은 축제 행사를 하는데, 성인 대상이 대부분이었다. 하지만 조옥환 사장님은 남명 얼을 계승하는 작업이나 행사는 성인보다 백년 앞을 내다보는 어린이들이라고 신념 같은 생각을 하고 있었던 참이었다.

이 같은 선구적인 깨달은 바를 이야기하면서 자네가 경남아동문학회장이니까 동시 1명, 동화 부문 1명을 선정하여 직접 사장님이 상금을 수여하기로 확약하여 실행에 옮기게 되었다.

사장님은 이미 조평규 씨와 이야기하였다는 것이다. 이것은 4박자의 인연이 맞아 떨어진 것이다. 임신행 전 회장이 아이디어를 내었고, 조옥환 사장님은 경남아동문학회를 생각하고 있던 차, 전 회장 조평규 친척 모임에 선가 이야기에 답을 하여 회장이었던 본인이 먼저 접견해달라고 전화하여 만나서 마무리하여 실행에 옮긴 것이다.

아무튼 경남아동문학상은 후견인으로 상금을 낸 사람은 조옥환 사장이고, 본인의 회장 활동으로 확약받아 임기 활동 중에 의견을 수렴하고, 만들어지고 이루진 것은 틀림이 없다.

1990년 제1회 경남아동문학상 시상에서부터 한 해도 거르지 아니하고 금년, 2015년 제26회 시상에 이르게 되어 전국 타 시, 도의 아동문학회의 강점이 되었다. 조옥환 사장님은 남명정신 계승을 위한 성금으로 희사하여 15년차에 철탑산업훈장을 받는 증빙 자료로도 만들어 드리면서 축원하였다.

그동안 경남아동문학상 50여 명의 수혜자들은 전국 아동문학가들의 선두에 서서 활발한 활동이 눈부시다.

남명 얼 계승 학생작품공모와 백일장 태동의 의미

2000년 제8대 회장으로 피선되어 계속해서 제9대 임기까지 마쳤다. 남명 얼 계승 학생작품공모와 백일장 개최는 이렇게 시작되었다. 남명 조식 선비 축제가 한창이던 때, 남명선비축제 운영위원회에서 경남지역 인물 행사는 경북 이퇴계 선비축제와 같이 경남도 주최로 개최하자는 건의와 성리학의 대가인 학자요, 개별교육과 체험학습의 선구적 역할을 하신 교육활동 면에서 경남도교육청 행사도 아울러 개최토록 남명행사 운영위원회에서 건의한 바 경남도에서는 선비축제로 개칭하여 경남도 행사로 주최하게 되었고 경남도교육청에서는 학예행사를 의례하였다.

경남도교육청은 학생 학예 행사를 치르도록 하였는데, 당시 담당부서인 초등교육과에서는 행사를 치를 인력이나 예산이 부족하다며 난색을 표한다는 소식을 듣고, 종합학예행사는 할 수 없는 일이라고 보고 한 가지 행사는 충분히 이루어 낼 수 있다고 보고, 본인이 직접 경남도교육연구관으로서 '경남학생백일장 개최 요강' 을 작성하여 교육감과 독대 의논하여 경남아동문학회에시 행사를 맡겠다고 하여 따낸 행사이다.

제1회(2001) 행사비가 칠백만 원이었다. 그렇게 의도적으로 수립된 경남도 교육정책이기 때문에 우리는 예산 지원과 선비축제 행사의 의미가 구현되도록 충실하게 가꾸어야 할 것이다.

남명 얼 계승 학생백일장(2001) 제1회 개최는 처음 진주 남명학연구원 조옥환 원장님의 지원금 300만 원으로 창원에서 실시하였다. 다음 진주와 창원에서 실시하다가 진주에서 산청 선비문화 축제장에서 실시하게 되었다.

선비축제 운영위원회가 경남도 예산으로 운영되면서 남명 유적지 산청에서 실시하게 되었다. 산청 남명 유적지 덕천서원에서 실시할 때 진주, 함안, 창원 등 많은 참가자를 예상하여 선비축제가 더욱 빛나도록 하기 위해 계속해서 산청 선비축제장에서 실시하는 것이다.

예산 지원처가 산청 선비축제 운영위원회로 넘어가면서 예산이 축소되었는데 다음 회장은 증액은 안 되어도 원상 복귀되어야 경남도내 전 학생의 대표성을 지닐 수 있도록 전 학교 대표 학생이라도 유인하여 행사를 치루어야 할 것이다.

예산 지원을 위하여 본인은 계속 경남도교육청과 진주 남명 선비축제 운영위원회, 나중에는 산청 선비축제 운영위원회를 초창기에는 회장이 아니어도 매년 방문하면서 두 곳의 행사 지원이 이루어지도록 하려고 뛰었다.

계속적인 유대강화를 위하여 매달 이사 회비를 납부하면서 남명학회 연구이사로 입회하여 이루어 내었으니, 내실 있는 '남명 얼 계승 학생작품 공모와 전국학생 백일장' 으로 나누어 넉넉하게 개최할 수 있도록 운영의 묘를 기해야 할 것이다. 따라서 누구나 경남아동문학회장이 되는 입장에서는 내용을 살피어 산청군 남명 얼 계승 선비축제위원회와 경남도교육청 초등교육과의 유대를 강화하여 잘 관리하여야 할 것이다.

4대에 걸친 8년간의 회장직을 돌아 나오며

자질구레한 이야기가 더 중요할 때가 많은 것이 우리네 삶이라고 생각하면서도 크고 작은 일을 구별하지 않고 받아들이면서 이루어 놓은 것이 회장을 맡는 분들에게는 짐이 될 수도 있지만 책임감을 가지고 잘 처리하였으면 해서 몇 가지 들어 보고자 한다.

먼저 매년 5월 1일은 '한국아동문학의 날'로 제정하여 운영하는 행사인데, 해마다 경남에서 내실 있게 한국아동문학의 날 행사를 치르고 있다. 이것은 김재순 회장의 메세나 활동으로 활성화되었다.

이것도 2001년에 임신행 전 회장과 본인이 한국아동문학의 날 제정 위원으로 위촉받아 참석함으로써 처음 서울과 지방에서 실시하였는데, 경남아동문학회에서 김재순 전 회장의 메세나 지원으로 크게 돋보이는 행사로 만들어 실시하여 2015년 제14회째 행사가 지난 5월에 시낭송에 시화전까지 겸하여 성대하게 열린 것이다.

아동문학의 정신을 어린이들에게 심어 내는 행사이므로 시낭송을 해보게 하고, 시화전을 마련하는 등 저서 사인회는 어린이들에게 산교육활동이기 때문이다. 뿐만 아니라, 한국아동문학의 날 문진패 수여는 계속되어야 한다. 그 행사를 치른 노고와 격려를 위해서도 한 해 동안 한국아동문학의 날 기념에 공이 큰 회원에게 드리는 본부가 마련하는 상패다.

다음은 의견을 수렴하여 본인이 개척한 '남명특별상' 제정 운영이었다. 처음 2002년 제1회 시작하면서 본인의 월급을 나누어 2회까지 실시하다가 부산교통 조옥환 사장님의 도움으로 8회(2009)까지 계속하게 되었지만 여러 가지 이유로 중단하게 되었다. 메세나 지원이 있으면 이런 행사를 복구하여 회원들에게 돌려주어 사기 진작으로도 도움이 될 것이다.

그리고 전국순회 문학 강좌를 개최하는 일이다.

강사 전문수, 이동렬 교수 초청으로 "디지털 시대 아동문학의 환상성"에 대한 전국순회 문학강좌(2001년 8월)를 열었고, 강사 유경환, 정목일을 초청, 2001년 11월 23일~24일 사이에 경남아동문학회 문학강좌를 경남교총회관 강당에서 세미나 형식으로 강사를 서울에서 초청하여 한 해에 두 차례 개최하기도 하는 것이 회장의 임무를 다하는 것이라 생각 할 정도였다.

그 외에 2008년 4월 9일에는 경남아동문학회원의 단합과 소통을 위한 산행을 밀양 산들 늪으로 하여 온종일 산에 취해 회원들의 심기 일전에 기여하였고, 다음 달 5월에는 제7회 아동문학의 날 잔치 및 기념 동시화전을 밀양 강변과 밀성초등학교에서 개최하여 전 회장 김태두 재직 학교와 어린들과 학부모 간의 유대를 가진 것이 추억으로 남는다.

경남아동문학선집 발간과 그 시절의 추억

정목일

경남아동문학회가 창립총회를 가진 것은 1976년 마산 가포에서였다. 그때 고성에서 초등학교 교사로 재직하던 때이고, 부회장에 선출되었다. 그 뒤에 신문사 문화부 기자로 전직하였고, 1991년에 경남아동문학회장이 되었다. 신문사 기자로서의 바쁜 일과 중에 선임되어, 제대로 직무를 수행할 수 있을까 걱정이 앞섰다.

경남문학관에 소장돼 있는 경남아동문학회보 제13호(1991년 11월 11일 월요일) 회보를 보면 회장 정목일, 부회장 조평규 · 정용원 · 김태두, 사무국장 이은용 씨가 당시의 임원이었음을 알 수 있다. 25년 전의 일이어서, 경남아동문학회보가 아니면 그런 일이 있었는지조차 생각나지 않는다.

아동문학을 하게 된 것은 교사 신분이었기에 벽지의 어린이들에게 문학을 통한 꿈과 정서를 심어주기 위한 생각에서 동화에 관심을 갖게 되었다. 1973년 월간 《소년중앙》지의 동화현상 모집에 〈꽃도둑〉이 뽑혀 발표됨으로서 아동문학을 하게 되었다. 동화 쓰기에 매진한 것은 오래되지 않았으나, 동화집 출간은 10권에 달한다. 1975년 《월간 문학》과 1976년 《현대문학》지를 통해 종합문예지를 통한 제1호 등단 수필가가 됨에 따라, 수필문학에 전념하는 전기를 맞게 되었다.

희미한 추억 속에 동심으로 돌아가 벽지 어린이들에게 꿈과 사랑을 심어주고 싶은 생각에서 밤을 새며 동화를 쓰던 시절이 있었음을 회고하면서 그때가 그리워진다. 대부분 교사였던 아동문학가들을 만나면 한없이 순수한 눈빛으로 손을 맞잡곤 했다.

경남아동문학회보 제13호를 보면 〈경남아동문학회 창립 15주년을 기념하며〉라는 머리말을 통해 당시 회장이던 나는 창립 15주년 기념사업으로 《경남아동문학선집》(2권)을 발간할 계획을 밝히고 있다. '이는 지방 아동문학계에 처음으로 시도하는 것으로서 지방자치시대를 맞아 경남아동문학의 총체성 집대성과 문학사적 정리 작업이라는데 그 의의를 부여하고 싶습니다.' 라고 적고 있다.

《경남이동문학선집》 발간을 위한 준비는 착착 진행되었다. 해방 전후부터 1990년까지 도내 아동문학가의 대표작을 동시와 동화로 나누어 2권에 수록함으로써 경남아동문학을 총 집대성하여 경남아동문학사를 체계화하는 작업이라는 점에서 큰 의미를 부여할 수 있다. 한국아동문학사에서 큰 업적을 남긴 고 이원수, 이주홍, 최계락 씨를 비롯하여 한국 아동문단에서 활약하고 있는 경남 작가들의 대표작을 실어 경남아동문학의 발자취와 모습을 한눈에 볼 수 있도록 했다. 수록 작가는 한국 아동문학의 개척자와 중추적인 작가들이 많음을 확인할 수 있다.

· **동시 선집 수록작가**–이원수, 이주홍, 최계락, 서덕출, 이수정, 로하령, 이화이, 강수성, 김복근, 김용근, 김재순, 김정환, 김철민, 김형진, 도리천, 서일옥, 석명옥, 심의방, 우덕상, 이은용, 이창규, 전문수, 정영원, 주태균, 차보현, 최진기, 이순희, 황선화 (28명)

· **동화 선집 수록작가**–이원수, 지주홍, 이영호, 가나인, 강수성, 김옥련, 김준영, 김태두, 김현우, 문선희, 문신수, 박윤덕, 신춘행, 양계향, 옥미조, 이 림, 이재천, 임신행, 정목일, 정현수, 조평규, 조현술, 최영숙, 한수연 (24명)

《경남아동문학선집》(2권) 발간은 경남아동문학사에 있어서 역사적인 일이었고, 아마도 그 당시가 아동문학의 열기가 가장 고조되었던 황금기가 아니었던가 회상해 본다. 아동문학가들이 만나면 마음이 통하고 동심으로 돌아가곤 했다. 1991년 11월 24일 《경남아동문학선집》 출판기념회를 가졌으며, 이 선집의 발간에 있어서 김원석 경남도지사님의 지원과 배대균 수필가(의사) 등의 후원이 있었음을 상기한다.

나의 문학의 길을 돌아보면 1991년 경남아동문학회장으로 《경남아동문학선집》를 낸 것으로 아동문학에서 물러서며 수필 쓰기와 탐구에 집중하게 된 계기로 삼았다. 지금은 필자를 수필가로만 아는 사람들이 대부분인데, '1970년~1990년' 대 동화작가였음을 아는 이는 많지 않다. 한국문인협회 수필분과회장 2회, 부이사장 2회째 임기를 맡고 있기에 수필가의 면모만 부각되어 있다.

나는 동화작품 중에서 마음에 들고 남기고 싶은 작품들을 골라 《정목일 대표동화선집》을 1권 내고 싶은 생각을 지니고 있다. 동화작품 중에서 남기고 싶은 작품만을 골라내어 '이것이 젊은 시절 어린이들을 위해 쓴 글' 이며 그런 시절이 있었음을 증명하고 싶어진다. 나의 아동문학시절엔 임신행 선생의 작가정신과 격려에 힘입은 바가 컸음을 상기한다.

'경남아동문학상'의 탄생

조평규

몇 해 전의 일인지 확실하게 기억할 수 없다. 나도 '모르쇠'가 되어 가는지, 기억력 테이프가 낡은 탓인지 모르겠다.

아무튼 오래된 일이라, 사실대로 정확하게 얘기하지 못하더라도 너그럽게 읽고 빙긋 웃어 주기 바란다.

아마 26~7년 전에 있었던 일이 아닌가 생각한다. 경남아동문학회 이사들의 모임 장소는 십중팔구 '도서출판 경남'의 오하룡 사장님 사무실이었다.

지금은 어떤지 모르지만 그 당시에는 책이 산더미같이 쌓여 있어서, 이리저리 둘러앉아 안건을 토의한 후에는, 부근 자장면 집에서 요기를 했다. 어떨 때에는 매일 시 한 편씩 써서, 식당 앞에 게시하던 집으로 옮겨 소주나 막걸리로 목을 축이기도 했다.

그러면서, 경남아동문학회가 활성화되기 위해서는 '경남아동문학상'을 제정해야 한다고 입을 모았다. 그런데 문제는 '상금이 어디서 나오느냐…….' 헤어질 때는 모두 그 숙제를 안고 돌아갔다.

그러던 어느 해, 진주 '동방호텔' 연회장에서 '재진산청군 향우회'가 열리고 있었다. 그 자리에서 남명 조식 할아버지의 같은 후손인 부산교통 대표 이사 조옥환 씨(그분은 나에게 아저씨뻘 되는 분)를 만났다.

그 당시 '조식' 전기가 전국 국민학교(예전 명칭) 5학년 국어 읽기 교과서에 수록되기 위하여 사범대학, 교육대학 부속 국민학교의 실험용 교과서에 수록되어 있었는지, 그 과정을 거쳐 교과서에 수록되어 있었는지, 기억이 확실하지 않다. 그 일을 계기로 조 사장님은 어린이와 아동문학가에게 관심을 가지게 되었다.

"사장님, 경남에 있는 아동문학가를 위해서 경남아동문학상을 제정하려고 합니다. 그 상금을 지원해 주십시오."(얼마라고 말씀드렸는지, 정확히 기억할 수 없음)

흔쾌히 상금을 지원해 주겠다는 승낙을 받고, 얼굴에 소가죽을 쓴 심정으로 시상식 후 회식비까지 부탁했다.

"나는 상금만 줄 테니, 회식비는 회원들이 해결해라."

그래서 회식비는 수상자가 일부 부담하게 되었다.

그동안 부산교통의 운수업이 원만하지 못하여 - 사무실의 자기 의자는 낡았어도, 지원금 나가는 곳이 참으로 많았다. - 상

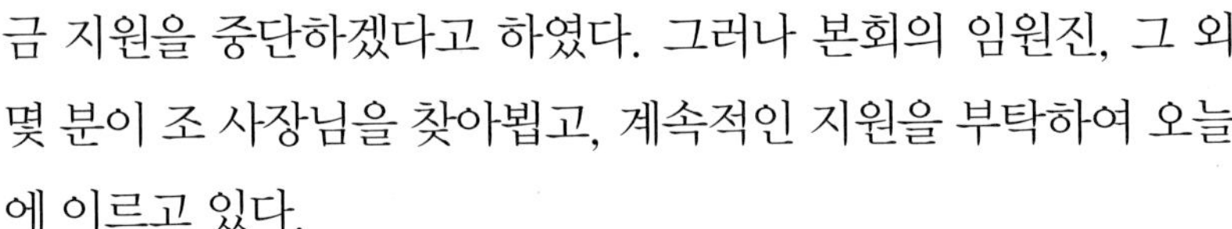

금 지원을 중단하겠다고 하였다. 그러나 본회의 임원진, 그 외 몇 분이 조 사장님을 찾아뵙고, 계속적인 지원을 부탁하여 오늘에 이르고 있다.

마른 수건에서 물을 짜는 심정으로, 어렵게 사업을 이끌어 가시는 조 사장님의 계속적인 지원에 경의를 표한다.

'경남아동문학상' 이 탄생되도록, 본인 외에도 조 사장님께 말씀드리거나 다른 기업가에게 부탁을 해 본 회원, 임원진도 있을 것이다. 그분들을 일일이 소개하지 못해 송구스럽다.

'경남아동문학상' 의 나이가 서른 살 가까이 되었으니, 언젠가 미역국도 한 그릇 나왔으면 좋겠다.

알콩달콩 역사 한 페이지!

'정 쌓기 속 쌓기' 월례회

김태두

2005년! 정기적 모임 '정 쌓기 속 쌓기' 월례회를 갖기로 한 사실은 획기적인 일이다. 회원들 간의 친목도모(정 쌓기)와 작품 질 향상(속 쌓기)을 위하여 월례회를 갖기로 한 것은 두 마리 토끼를 다 잡는다는 야심찬 계획이었다. 거리와 시간 관계로 멀고, 바쁜 회원은 참석이 곤란하겠지만, 문호는 항상 열어 두어 누구나 참석할 수 있도록 자유롭게 운영하기로 했다.

제1회 모임

일시 | 2005년 1월 3일(월) 오후 5시
장소 | 동읍 오정식당
참석 회원 | 9명
연수 내용 | 태동기의 아동문학가 방정환 등의 업적과 생애

모임 장소 오정식당에 도착하니 먼저 최영인과 하종숙 회원이 와 있었다. 뒤에 이한영, 조현술, 김재순, 하영 회원이 나타났는데 뜻밖에 이창규 전 회장의 얼굴도 보여 반가웠다. 후에 오하룡 시인이 합석하여 연수회가 시작되었다. 최영인 시인이 연수물을 프린트로 성의 있게 준비해 왔다.

아동문학을 이론적으로 튼튼히 하기 위한 시도다. 최영인 시인의 아동문학사에 대해 몇 개월 계속 연수하겠다는 계획에 대해 모두 토를 단다. "문학사만 하고 말끼가?" 그래서 아동문학사는 다음 회에서 끝내고 여러 방면으로 연수하자고 의견 모아 땅땅! 태동기의 방정환 등의 업적과 생애에 대해 간략히 살펴보았다.

이창규 전 회장의 미국 여행한 이야기가 양념이 되었다. 미국 서해안 일주, 그랜드캐년, 디즈니랜드 등 유명 관광지는 물론 알래스카, 하와이, 멕시코 등 골고루 돌이봤다는 이야기에 홀딱 반해 연수한 거 까묵것다.

맛있는 오리 전골과 죽 기막히다. 헤어진 시각은 9시가 넘었다. 다음 모임을 기약하고.

● 제2회 모임

일시 | 2005년 2월 1일(화)

장소 | 동읍 오정식당

참석 인원 | 9명

연수 내용 | 현대아동문학사

일찍 퇴근하여 동읍 오정식당에 갔는데도 많은 회원이 먼저 와서 '콩쥐야 팥쥐야' 연수 전초전을 만들고 있었다. 김현우, 최미선, 노길자, 최영인, 김재순, 이한영, 최상일, 조현술. 연수물을 9부 해 갔더니 신통방통 딱 맞는다. 이번 연수자라 목에 힘주고 읽어가며 설명하는데 부족함을 느낀다. 질문하면 우짜꼬! 더 자신 있게 통달했어야 하는 때늦은 후회.

연수물 이외에 정 쌓는 이야기를 나누며 오리전골을 맛나게 먹고 8시 반쯤 헤어졌다. 이 행사가 달로 발전될 것 같다. 암!

● 제3회 모임

일시 | 2005년 3월 2일(수) 오후 6시
장소 | 경남문학관
참석 인원 | 11명
김현우, 오하룡, 정목일, 조현술, 이한영, 김재순, 최영인
이영득, 최미선, 이림, 김태두
연수내용 | 마해송의 생애와 문학세계

시업식이 있어서 바빴다. 그래도 계획된 모임에 늦지 않기 위해 시간 맞춰 출발하여 장유에 들러 이영득 님을 태우고 모임 장소로 달렸다.

오늘은 저번보다 더 많은 인원이 모여 대박이다. 이 모임이 차츰 발전한다는 생각에 흐뭇하다. 마해송 하면 〈바위나리와 아기별〉을 빼놓고 이야기할 수 없다.

제4회 모임

일시 | 2005년 4월 12일(일) 6시

장소 | 경남문학관

참석 인원 | 8명

조현술, 이한영, 최영인, 이림, 최미선, 김태두, 이창규, 하영

연수내용 | 윤석중의 생애와 작품세계

4시 40분에 출발했더니 여유 있다. 가는 길목이고 경남문학관 앞이고 벚꽃이 한창이다. 아름다운 풍광을 눈요기하며 문학관에 들어섰다.

이번 모임은 밥을 먹고 나서도 다시 속개해 9시 넘도록 진지하게 가졌다. 윤석중에 대해 살펴보았는데 마치고 나서 하는 얘

기가 나를 지칭하여 윤석중의 성격을 닮았다고 해서 웃었다. 장난꾸러기로 닮았다? 800편이 넘는 아동문학의 큰 획을 그은 자와 함께 얹어주니 감사한 일이나 좋아할 일만이 아니다. 윤석중은 동화를 잘 쓰는데 나는 왜 못 쓰지?

● 제5회 모임

일시 | 2005년 5월 1일(일) – 아동문학의 날 행사 겸함
장소 | 경남문학관
참석 인원 | 15명
연수 내용 | 최계락 집중조명

우려를 딛고 식장 안에 사람이 가득 찬다. 임신행 시인의 노력 덕이다. 경남문협 회원들도 더러 보이고, 부산아동문학인도 보인다. 아이들까지 작년에 비하면 엄청 빛나는 자리가 되었다. 특히 나를 보고 그 먼 곳 삼랑진에서 온 학부모도 있으니 힘이 난다.

강희근 교수 강연이 끝나고, 임신행 시인 강연이 있었다. 최계락과의 인연관계에 대한 이야기로 흘렀다. 최계락 시인 가족들을 보내드리고 이창규 시인이 부르기에 카페에 갔더니 부산 김상남, 최만조, 곽종분 등 4명을 내 차에 태워 김해까지 가라는 부탁이다. 에휴, 부산까지 모시고 가라고 안 하기 다행이다.

제6회 모임

일시 | 2005년 7월 6일(수)
장소 | 삼랑진 복숭아밭
참석 인원 | 6명
이한영, 하영, 김재순, 최영인, 이영득, 김태두
연수 내용 | 이주홍의 문학세계

먼저 송진 교장실에서 학교 구내에서 따 놓은 자두를 먹고, 또 김재순 시인이 사온 케이크를 쪼개 먹고, 최영인 시인이 사온 떡도 먹고 배가 어지간히 불러졌다. 그리고 복숭아밭으로 갔으니 복숭아를 두어 개뿐이 못 먹지. 괜히 맛도 없는 자두를 많이 먹게 했다며 일부러 그렇게 한 게 아니냐며 나를 보고 투덜댄다. 무마용 겸 온 기념으로 만 원어치 복숭아를 한 봉지씩 선물했다.

늦었지만 인근의 복천사 절 구경도 하고, 어둠이 깃드는 평상에 앉아 웃음보따리를 풀어놓아 '부처님이 화내겠다' 했더니 하영 시인은 웃는 것은 부처님이 좋아할 거라며 많이 웃으란다. 그리고 줄기차게 저녁을 사 내라고 하기에 다른 이야기를 꺼내어 화제를 돌려놓으면 다시 잊지 않고 있다가 저녁 식사 언제 주냐며 조른다. 그 저녁 식사 때문에 많이 웃었다. 옹가네 식당에서 저녁식사를 했는데 배가 불러 먹지 않으려던 사람들이 넉살좋게 돼지갈비가 맛있다며 더 주문했다. 일어난 시각이 밤 10시다. 준비해간 연수물은 읽지도 못했다. 이 말은 빼 버릴 걸. 들통 나면 안 되는데….

제7회 모임

일시 | 2005년 8월 13일(토) 오후 1시
장소 | 가포 정동진(김병수 시인 집)
참석 인원 | 9명
김재순, 이한영, 최영인, 이림, 최미선, 노길자, 정목일
김현우, 김태두
연수 내용 | 《경남문학》 여름호에 실린 동시 살피기

가포에서 다른 곳으로 자리를 옮기기로 했는데 김재순 시인이 전화로 그곳에 모임을 가지자고 했다. 예상을 7명으로 잡아 연수물을 프린트해 갔는데 9명이나 참석하여 기분이 좋다. 티베트에 여행 다녀온 정목일 선생도 참석하여 고맙다. 어젯밤까지 사천에서 탐구회 행사가 있었기에 피곤하여 빨리 집에 가 쉬고 싶은데 만나면 무슨 이야기가 끊이지 않고 줄줄이 나온다. 집에 오니 6시가 넘는다.

제8회 모임

일시 | 2005년 9월 10일 오후 4시
장소 | 마산 감천골 최상일 회원 댁
참석 인원 | 9명
연수 내용 | 아동문학과 팬터지

9월 10일 오후 4시부터 마산 감천골 깊숙한 곳에서 경남아동

문학회 회원들의 모임이 있었다.

오밀조밀 가꾼 최상일 회원님 농장을 보는 순간 숨겨놓은 새색시를 찾아낸 것처럼 탄성이 절로 나왔다. 해맑고, 청초하고, 포근하고, 정이 가서, 같이 살고 싶어라!

최상일 님 수고로 잔디밭에서 돌판에 얹어 돼지갈비도 구워 먹고, 감자랑 버섯도 구워먹고, 치렁치렁 늘어진 푸름과 예쁘게 핀 야생화를 구경하며 포도도 먹고, 콧구멍이 트이는 시원한 공기도 먹고, 산새 소리도 주워 먹고는 동화와 판타지에 대해 회원들이 돌려가며 읽고, 격의 없이 열띤 토론도 하였다. 주위가 어둑하여질 때까지 제법 심도 있게 이야기를 나누다가 다리에 달라붙는 모기를 쫓아가며 사모님이 해주는 공해가 없는 식단으로 짠 저녁을 먹으니까 꿀맛 같았다. 얼마나 맛있었느냐 하면 모기가 물어도 용서해주고 싶을 정도로.

아쉬움에서 뒤돌아보다가 다음 모임을 약속하며 어두운 길에서 헤어졌다.

그날 모깃불까지 놓아가며 우리 회원들을 편하게 해 주신 최상일 회원님과 사모님의 고마움에 감사드리며 바쁘신 중에도 깊고 험한 길까지 찾아오신 회원님들… 하영, 조현술, 김재순, 이한영, 최영인, 하순희, 이영득 님께도 고맙다는 인사드리니 받으시오.

제9회 모임

일시 | 2005년 10월 15일
장소 | 함안 산인 김재순 회원 댁
참석 인원 | 8명
연수 내용 | 마해송문학상 수상작품 유영소의 〈겨울 해바라기〉 독후감

산인 골짜기에 그렇게 아름다운 집이 서 있으리라고는 꿈에도 생각 못 했죠.

캐나다 원목으로 지었는지 깔끔하기가 청와대 빰칠 정도요, 아기자기 칸을 이룬 방들이 동화 속에 나오는 잠자는 공주가 자는 궁궐 같았다니까요. 진짜 내 말이 믿기지 않으면 한번 가보세요. 이층으로 이어지는 옥내 계단은 장난감같이 앙증맞고, 이층 서재와 서쪽으로 난 창이 있는 방은 인형들의 방 같았어요. 기상천외한 개숫물 붓는 자리도 일품이구요. 또 일층 거실은 노래방 기기까지 갖춘 널따란 방이어서 숨쉬기도 편했어요. 거실에 딸린 방들, 밖으로 뚫린 부엌, 감탄이 절로 나왔어요.

예정한 10월 15일, 우리 일행(조현술, 이한영, 최상일, 하순희, 하영, 최영인, 김태두－남녀 순위가 아니고 도착한 순이니까 불평등 어쩌고 말 없기)은 김재순 부부의 따뜻한 영접을 받으며 뜰에서 돼지고기 구워먹고, 김재순 특유의 산채비빔밥도 일미였어요. 서쪽으로 창이 난 방에서 제1회 마해송문학상 수상작인 유영소 님의 〈겨울 해바라기〉에 대해 읽고 난 느낌 중심

으로 토론을 하구요. 소재가 입양아 문제와 청소년 성문제를 통속적이지 않으면서 감각적으로 끌고 가는 능력을 보여준다는 데는 동감을 하였는데요, 요즘 아이들의 입말 습관을 과감히 차용한 구어체 문장에서는 갑론을박하며 의견이 모이지 않았는데 싸우지는 않았어요. 분위기가 좋아서요.

그 분위기를 이어가기 위하여 거실에 있는 노래방 기기 좀 사용했지요. 같이 못 온 분들 죄송해서 어떻게 해요. 아름다운 집 구경하고, 맛있는 음식 대접받고, 노래까지 불러서.

그 다음 11월 모임은 청도 이림 씨 댁에서 개최키로 했으나 제 개인 사정으로 그 달 실시하지 못하고 연기하였는데 그 뒤에 앞장서서 적극적이던 최영인 시인의 개인사업 관계로 바빠져서 흐지부지되어 영영 없어지고 말았다. 어렵게 출발하여 순조롭게 달리던 월례회가 1년을 넘기지 못하고 중노하차하여 아쉬움이 남는다. 그 뒤에 만날라치면 책임지라는 예쁜 눈총과 입방아를 받는다. 이 글을 쓰면서 송구스러운 마음으로 용서를 구한다. 옮겨가며 알콩달콩 정 쌓기 속 쌓기 하던 월례회! 어쨌든 우리 아동문학회의 역사 한 페이지다. 다시 부활의 10회 모임 소식을 기다리며!

회원작품

동시

엄마 마음 나도 몰라요 외 1

| 강수성

아빠가 집 나간 지
오래되었다.

나는 그 이유를
아직도 모르는데

엄마는 피부 관리실에
갔다 왔다,
오늘도!

놀람

건널목 횡단보도
빨간 신호등인데

건너는 두 아줌마
가슴이 철렁했다.

더욱이 한 아줌마는
애를 배고
있었다!

강수성 경남 통영 출생, 1975년 중앙일보 신춘문예 희곡, 1990년 《아동문예》 작품상 동시, 2000년 《현대시조》 신인상 당선. 경남문학상, 경남아동문학상, 경남연극제 희곡상 수상. 동시집 《까치소리》 《시장에서》, 희곡집 《코발트블루》

집이 운다 외 2

| 공현혜

여름 장마라 했다

할머니는
시골집에 가시고
아버지는 출장 가시고
엄마는 퇴근 전

동생은 컴퓨터와
눈싸움 중인데
친구들 너무 바빠
전화 안 받는 저녁

물소리 가득한 세상
빗방울 한 줄기
벽을 넘어 들어왔다
똑 똑
내 침대 옆에서 집이 운다.

유행은 살아 있다

사람이 유행을 만드는 게 아니라구요
유행은 저 혼자 살아있다니까요

보세요.

유치원 다닐 때 가지고 놀던 제 게임카드에요
지금 유치원 애들이 가지고 놀아요

이건 초등학교 입학식 때 샀던 공룡 장난감이에요
구하기 힘들었는데 어제부터 다시 문방구에서 팔아요.

이것도 좀 보세요 2학년 때 쓴 스케치북만 한 그림일기요
요즘 누가 이걸 쓸 것 같아요? 그런데 1학년들이 들고 다녀요

이제 아시겠지요? 유행은 사람들이 만드는 게 아니고
틀림없이 자기들 계획대로 갔다가 오고 갔다가 온다구요.

공현혜

이 모

할머니 아닌데
옛날이야기 주머니 같고

엄마는 아닌데
안아주면 포근한 이불 같아요

짜증날 때 친구보다
내 마음 먼저 알고 손 잡아주고

혼날 때도 아플 때도
'이모' 하고 부르면 달려와요

하나님은 엄마를 데리고 갔어도
엄마는 이모를 남겨 주고 갔어요.

공현혜 경남 통영 출생. 《현대시문학》 추천, 《서정문학》 시, 《작가시선》 동시 등단. 시집 《세상읽어주기》 외 공저 다수. 한국문인협회 서정문학연구위원, 경북문협 · 경주문협 · 통영문협 · 한국불교아동문학회 회원, 마중물 · 행단 · 육부촌 동인

시간도둑 외 2

| 권순희

우리 집 내 방에
시간도둑이 들었어요.

컴퓨터 게임 조금하는
눈 깜짝하는 사이
아 글쎄
세 시간이나 슬쩍 훔쳐갔지 뭐예요

하지만
더 놀랍고 얄미운 거는요

우리 할머니 방에
매일 매일 몰래 찾아와
몇 시간씩 화살보다 빠르게 훔쳐가는데
할머니는 팔십 년 동안 단 번도 못 잡았대요.

연꽃과 아가

아가의 까만 눈동자 속에
분홍빛 연꽃 한 송이 들어온다.

아장아장 아가는
두 손 쑤욱 내밀어 만져도 보고
발름발름 작은 코로 냄새도 맡고
어느새 조잘조잘 친구 되지만

동그란 연초록 잎사귀
짙어갈수록

땅속엔
구멍 숭숭 탐스런 뿌리
매일매일 자라는 작은 비밀을

아가는 모른다
아직 모른다

가을을 부르는 꽃

가늘고 여린 줄기로 버텨낸
지난 여름밤의 태풍마저 까맣게 잊고
노오랗게 수줍은 꽃 마타하리는

단풍나무 숲으로
고추잠자리 무리 위로
풍성한 가을 냄새 바람에 흩날리며
한발 앞서 오색 소식 전하는 가을의 전령사

누구라도 산길 걷다 마주치며는
'아! 가을이다!
느낌표 하나쯤은 심어주는 꽃

권순희 밀양문인협회, 한국아동문학회, 한국문인협회 회원. 경상남도교육청 장학사

콩알 하나 외 2

| 김몽화

마당에 떨어진
콩알 하나
얼른 집어들며
—아이고, 불쌍해라

홀로 지내시는
할머니 마음
까만 콩알 하나로
떨어져 있었나 봅니다.

시 청

시민의 청을 들어주는 곳이
시청인가 보다
시민들이 큰 소리로 외친다
—우리 농산물 죽이는 수입농산물 웬말이냐
—친구들의 죽음, 진실을 밝혀주세요

시청은 귀가 먹었나보다
조용하다.

빗소리

흙집에 누워
빗소리 들으면
소리는 귀에 떨어지지 않고
얼굴에 떨어진다

나는 밭이 되고
빗방울은 씨앗이 되어
토독토독 심어진다

간지럽다
꽃망울 터트리려나보다.

김몽화 본명 김미정. 2011년 강원일보 신춘문예 동시 당선

팔베개 외 1

| 김복근

어머니 팔베개는
연둣빛 봄 햇살에
봉숭아 꽃물 들이듯 부드러워요

아버지 팔베개는
무더위 내리는 여름
맴맴 노래하는 매미처럼 싱그러워요

할머니 팔베개는
따사로운 가을볕
톡톡 튀는 깨알처럼 고소해요

할아버지 팔베개는
차가운 몸 녹여주는 겨울 벽난로
노릇노릇 익어가는 군밤 맛이 나요

아이와 할아버지

"할아버지, 멋져"

청바지에 줄무늬 티셔츠를 입은
할아버지는 기분이 좋아집니다.

"서민이, 뭐 먹고 싶어."
"먹고 싶어 그러는 거 아니야."

아이가 생글생글 웃으며 하는 말에
할아버지는 기분이 더욱 좋아집니다.

"서민이 업어줄까?"
"아니요. 나 다섯 살이잖아."
"그렇지, 그렇지, 우리 서민이 다섯 살이지."

기분이 좋아진 할아버지는
아이의 손을 꼭 잡아줍니다.

김복근 경남 의령 출생. 경남아동문학상, 경남도문화상, 한국문협작가상 수상. 동시집 《손이 큰 아이》 외 몇 권의 책 펴냄. 경상남도문인협회장, 거제교육장 등 지냄

수수밭에서 외 1

| 김재순

할머니
이른 아침부터
수수밭이 시끌시끌해요.

어제 왔던 참새
서너 마리가
온 동네방네 소문낸 것이 분명해요.

그러기에
'수수가 익는다고 풍문으로 들었소.' 하며
떼거리로 몰려왔지요.

'훠이~훠이~'
할머니, 그래봐도 소용없어요.
저것 좀 보세요.
'그냥 갈 수 없잖아.' 하며
비둘기들까지 몰려왔어요.

ㅋㅋㅋ….
할머니, 수수 이마빡 좀 보세요.
참새 발자국에
홀라당 다~ 벗겨졌어요.

봄비에게

우리 엄마가
키우지도 않은 너들
도대체 어디서 왔냐?

상추도 오이도,
고추도 아닌
쇠뜨기 개망초 환삼덩굴 바랭이….

다독다독
엄마가 아가를 재우듯이
꽁꽁 눌러둔 흙 속에서
왕~~ 한꺼번에 잠깼구나.

너희들 아우성에
우리 엄마 이마에 저 땀 좀 봐.

코코~~더 자도 되는데
아니야, 계속 자도 될 텐데….

"봄비야,
발자국 소리 내지 말고
제발 뒤꿈치 좀 들고 다녀라."

김재순 1977년 교육자료, 1991년 《아동문예》 동시 당선. 한국불교아동문학상, 경남아동문학상 등 수상. 저서 《바람 한 점 앞세우고》《바람은 나만 빼놓고》《봄비 지우개》(한 · 중판), 《햇볕 사용료》(한 · 중판). 한국명인회 경남지부장, 한국동시문학회 · 불교아동문학회 부회장

귓속말 외 2

| 김지연

노랑나비 한 마리,
갓 피어난 매화 위에서
이리 기웃 저리 기웃

살랑살랑 날아와
살짝 쿵 속닥속닥
우리 집 강아지 귀에다

무슨 얘기했을까
알쏭달쏭 궁금한데

나비 따라 폴짝폴짝
신이 나서 팔랑팔랑

나만 모르고 지들끼리만 아는 이야기

하얗게 쏟아지는 봄볕 아래
노랑나비의 귓속말.

기다림

홀로 툇마루 앉아
먼 곳 바라보는
민지네 할머니처럼

눈에 띄는 붉은 옷
곱게 차려입고

먼발치 바라본다.
큰길가에 선
늙은 우체통은

여전히 빈 마음에
찬바람만 가득해

오늘도 기다리는
소식 한 마음.

언제쯤 올까?

정말?

난 이 세상에서 가장 헤엄을 잘 쳐.
누구도 나를 따라올 수 없다니까
환상적인 꼬리에는 꼭 반하고 말지
살랑살랑 흔들면 졸졸 따라온다고.
커다란 눈을 보면 모두가 감탄하지.
내 눈 속으로 포옹당 빠져든다니까?

어항 속의 금붕어 한 마리,
혼자서 우쭐대며
헤엄친다.

김지연 서울 출생. 《아동문예》 문학상, 경남아동문학상 수상. 동시집 《아침 바람이 있는 골목》. 진주문인협회, 가향문학회 회원. 논술지도교사

줄다리기 외 2

| 도리천

남쪽에 어린이와 북쪽 어린이가
삼팔선 쇠줄 잡고 줄다리기 했어요
승부가 어찌 됐나요 누가 이겼나요
쇠줄이 토막토막 모두 끊어졌어요

남쪽에 어른님과 북쪽 어른님이
삼팔선 쇠줄 하나 끊지를 못했는데
남과 북 어린이들이 한마음을 모아
삼팔선 끊었으니 통일이 올 거예요

책가방 꿈가방

아이들이 가방 메고 학교에 갑니다
가방 속엔 학용품과 부모님 사진
그리고 고운 꿈도 들어 있지만
아이들 가방이 몹시 홀쭉합니다

아이들이 가방 메고 집에 돌아옵니다
학교에서 배웠던 선생님 말씀이
가방 속에 차곡차곡 담겨 있어
아이들 가방이 몹시 볼록합니다

시골 어린이는

시골에 어린이는 시를 잘 지어요
풀밭에 날아가는 나비를 보고
풀잎에 맺혀 있는 이슬을 보고
새 아침 이슬 같은 맑은 시 지어요

시 고을 어린이는 시를 잘 지어요
산골에 피어 있는 산꽃을 보고
들녘에 피어 있는 들꽃을 보고
꽃향기 솟아나는 꽃 시를 지어요

도리천 1988년 《아동문예》 등단. 아동문예작가상, 새싹문학상, 경남아동문학상 수상. 저서 《고향가는 길에서》 《숲에 내린 비》 외

자전거와 환삼덩굴 외 2

| 류경일

이웃 할머니 집 담벼락에
한 달째 기대어 서있는
주인 없는 자전거를
환삼덩굴이 타고 가려고 해요

안장에 올라 중심을 잡고
가녀린 손으로 핸들을 쥔 채
큰 줄기로 페달을 밟아보는 환삼덩굴

하지만
마음만 동네 열두 바퀴

바람이 뒤를 밀어주어도
자전거는 꼼짝도 안 합니다
주인이 오지 않으면

내가 그린 집

설계사인 우리 아빠
아빠가 집을 그리면
사람들은 앞다투어
그 집에 살고 싶어 하지요

그런 아빠도
내가 집을 그리면
내 집에 살고 싶어 하지요

종소리

뒷산 절집에 사는 종은
저녁마다 운다
바람 부는 날은
더 슬프게 운다

누가 울리는지
울려놓고선
울지 말라고 자꾸 때리는지
한참 동안 운다

저녁마다 내 방까지 왔다가는
슬픈 종소리

류경일 경남 산청 출생. 2004년 매일신문 신춘문예에 동시 〈땡감 나무 일기〉 당선. 경남문학 우수작품집상, 경남아동문학상 수상. 동시집 《바퀴 달린 집》(한국문화예술위원회 우수문학도서 선정), 시집 《빗방울 듣고 나는 말한다》 《흙비》 등

사각사각 외 2

| 서일옥

뽕잎 먹는
누에처럼

연필 소리
사각사각

공부하는
순이처럼

누에도
사각사각

엄마는
맑은 소리에
밤새 잠을 설칩니다

세탁기

커다란 엄마세탁기가
윙윙윙 돌아갑니다

조그만 애기세탁기도
왕왕왕 돌아갑니다

둘이서
함께하는 일이라
지치지도 않습니다.

엄마세탁기 안에는
젖내 나는 홈드레스

애기세탁기 안에는
지지 묻은 면내의

딩동뎅 –
끝났다는 인사를
웃으면서 합니다.

외갓집에서는

다섯 살 내 동생이
자라지를 않아요

외할머니 품에 안겨
생글생글 웃으며

커다란 대청마루에
배꼽을 내어 놓고

할머니도 가고 없는
외갓집에 혼자 남아

봄마다 피는 꽃을
하나 둘 세어가며

동생은 외갓집에서
맨날 맨날 다섯 살

서일옥 1990년 경남신문 신춘문예 시조 및 한국아동문학연구 동시조 당선. 한국시조시인협회상, 김달진 창원문학상, 경남아동문학상 외 수상. 시조집 《그늘의 무늬》 외, 동시조집 《숲에서 자는 바람》. 한국시조시인협회 부이사장, 경남아동문학회 감사 외

동갑 친구 외 2

| 서정홍

아버지가 진돌이 집을 새로 지었어요
아주 넓고 편안해요
그런데 진돌이는 새로 지은
개집에 들어가지 않아요

우리 식구들이 아무리 어르고 달래도
개집에 들어가지 않아요

진돌이와 같은 해에 태어나
진돌이와 같이 뒹굴며 자란
우리 동생 여섯 살 수연이가
개집에 들어가서 진돌이를 불렀어요

— 진돌아, 진돌아!

딱 두 번 불렀는데
진돌이는 마치 기다렸다는 듯이
개집으로 쏙 들어가요

엄나무 이야기

옛날 사람들은 해마다 정월이면
엄나무 앞에서 제사를 올렸어
마을에 돌림병이 돌지 않고
나쁜 일이 없기를 비는 거야

엄나무 가시는 하도 굵고 억세어
나쁜 귀신을 쫓는다고
문설주 위에 걸어 놓기도 했지
귀신들이 집 안으로 들어오려다가
굵고 억센 가시에 옷자락이 걸려
못 들어올 거라고 믿었으니까

외숙모가 어렸을 때
윗마을에서 진짜 있었던 일인데 말이야
마을 앞에 있는 오래된 엄나무를 베다가
벼락 맞아 죽은 사람도 있어
정말이라니까!

'엄나무를 얼마나 귀하게 여겼기에
함부로 베면 큰 벌을 받는다고 믿었을까?
사람마다 다른 사연이 있듯이
나무마다 다른 사연이 있지 않을까?'

이런저런 생각을 하다 나무를 보면
나무가 내게 말을 거는 것 같아
우리 서로 사이좋게 지내자!
우리 서로 사이좋게 지내자!

소도깨비

일만 하면 우직한 소가 되고
공부만 하면 교활한 도깨비가 된대요
그러나 일도 하고
공부도 하면 무엇이 될까요?

일곱 살 정욱이는
생각할 것도 없다는 듯이
큰소리로 대답합니다

— 소도깨비요, 소도깨비!

서정홍 1958년 경남 마산 출생. 전태일문학상, 우리나라 좋은 동시 문학상, 서덕출문학상 수상. 동시집 《윗몸일으키기》 《우리 집 밥상》 《닮지 않는 손》 《나는 못난이》 《주인공이 무어, 따로 있나》

새벽녘 외 1

| 석성환

불개미 한 마리가 흑점을 더듬으며

우주선 회로마다 두 발로 신호한다.

오로라, 지구를 틈타

호드기로 밝히는

비행기

한여름 산마루에 밤하늘 가득한데

별 하나 반짝이며 지구를 벗어난다.

아뿔싸, 여긴 어딘가

시간마저 동그란

석성환 경남 진주 출생. 2003년 《한국문인》 시조 등단, 2012년 《아동문예》 동시조 등단, 2014년 《유심》 문학평론 등단. 시조시집 《모래시계》, 저서 《한국 현대시의 현상적 미학》 《선시조禪時調에 나타난 공空과 불이不二》

슬픈 세상 외 2

| 오하룡

귀여운 아이를 만났습니다
얘 너 귀엽구나!
머리를 쓰다듬어 주고 싶어
손을 내밀다 멈칫합니다

아이가 내 마음을 모르고
어떤 할아버지가 내 몸을
만졌습니다 어쩌고 하면 어쩌지?

나는 슬픈 생각에 잠깁니다
아이 마음이 그렇지 않으면
이런 생각은 죄짓는 것이지요?

그러나 지금 우리는
서로 의심하는
슬픈 세상이 되었습니다

아동문학

천진한 아동을 감동하게 하는 문학이
아동문학이지요
천진한 아동이 꿈을 갖게 하는 문학이
아동문학이지요
천진한 아동이 진실을 알게 하는 문학이
아동문학이지요
때 묻은 어른이 동심으로 돌아가는 문학이
아동문학이지요
알면서 실천 안 하는 어른을 벌주는 문학이
아동문학이지요

선 생

나는 한동안 선생 노릇을 부러워하였지요.
제자가 스승을 섬기는 모습을 보아서지요.
스승과 제자 사이가 너무 좋아 보여서지요.
그런데 최근 들어 그 마음이 바뀌었습니다.
제자가 스승을 등쳐먹는 모습을 보아서지요.
스승이 제자를 등쳐먹는 모습을 보아서지요.
스승과 제자의 쓸쓸한 뒷모습을 보아서지요

오하룡 시집 《母鄕》 간행 시작 활동. 휴머니즘문예상, 한국농민문학상, 경남아동문학상, 시민불교문화상 수상. 도서출판경남 대표, 《작은문학》 발행인

허준 박물관 약초원 외 2

| 우점임

탑산* 등허리 약초원
꼬불꼬불 약초밭에는
향기주머니 약초들 살고 있지요.

명월초 약초밭은
머리 맑게 하는 약초주머니 풀고
백리향 약초밭은
기침 멈추는 약초주머니 풀고
인삼 약초밭 지나갈 땐
몸 가벼워지는 약초주머니 풀어
향기로 사람 불러 모으지요.

아이 코도 벌름벌름
어른 코도 벌름벌름.

*탑산 : 서울 강서구 가양2동 구암 허준 박물관이 있는 약초원.

신발장 앞에서

발은 두 개뿐인데
내 신발은 일곱 켤레.

야광신발 유리구두 누드장화
드레스 샌들 물놀이 아쿠아슈즈
자전거 샌들 발레 큐티슈즈

—이 신발 다 신으려면
발 한 번 바쁘겠다.
할머니 나보고 말씀하신다.

—네, 저도 참 힘들어요.
난 속으로만 대답했다.

날개 품

날개 품으로
병아리 기르는 어미닭

까마귀 소리에
—아가야, 놀랐지?
얼른, 날개 품으로
끌어당기고

솔개 그림자에
—아가야, 무서웠지?

얼른, 날개 품 부풀려
감싼다.

병아리 품으려고
날지 않는다.

우점임 단국대학교 대학원 문예창작(아동문학) 석사학위. 2009년 《오늘의 동시문학》 등단. 단국문학상 동시부문 신인상, 경남아동문학상 수상. 동시집 《바람 리모콘》(서울문화재단 창작지원금). 미래 · 단아 동인, 한국동시문학회 · 불교아동문학회 회원

톱이 말을 하면 좋겠다 외 2

| 윤일광

밭에서 일하시던 아빠
무얼 찾고 계신다.

"아빠, 왜 그러세요?"
"쓰던 톱을 어디에 두었는지 모르겠구나"

아빠와 함께
찾고
또 찾고

찾고
또 찾아보아도
톱이 없다.

—톱이 말을 하면 좋겠다.

그런데
말할 줄 아는 나는 어디 가면
왜 말하지 않았을까
지금 어디 있다고

우리 아빠 우리 엄마

우리 아빠는 뚱뚱해요
뚱뚱보 우리 아빠
그런데도 아빠는 아니래요
뚱뚱보가 아니래요
그래서 다이어트는 필요없대요
"아빠, 이제 좀 그만 드세요"
"괜찮다. 괜찮아, 난 살찌지 않아"
내가 보면 아빠는 뚱뚱보가 맞는데
아니래요
괜찮대요
우리 아빠는

우리 엄마는 날씬해요
날씬한 우리 엄마
그런데도 엄마는 아니래요
날씬한 게 아니래요
그래서 다이어트가 필요하대요
"엄마, 이제 좀 드세요"

"괜찮다. 괜찮아, 난 너무 뚱뚱해"
내가 보면 엄마는 날씬한 게 맞는데
아니래요
괜찮대요
우리 엄마는

물방울은 하나가 되네요

물방울이
하나
둘
셋
넷
처마 끝으로 똑똑 떨어집니다.

마당에는 물방울이
하나
둘
셋
넷
또르르 또르르 구슬 되어 굴러다니겠지요.

그런데 어머!
물방울이 모이니까 하나가 되네요.

다섯
여섯
일곱
여덟
아무리 더해도
하나가 되네요.

윤일광 1981년 《교육자료》, 1983년 《아동문학평론》, 1984년 《시조문학》, 1985년 《월간문학》 등단. 대한민국문학상, 경남아동문학상, 한국동시문학상 등 수상. 저서 《나무들의 하느님》 등 9권. 거제문화예술창작촌장

자 석 외 1

| 윤진애

컴퓨터 켜자마자 게임이 확 달라붙고
책은 보자마자 획 밀어내 버리는
고장난 내 마음의 자석 어떻게 고칠까?

게임하는 친구 보면 어느 새 붙어있고
열심히 공부하는 내 짝은 멀어지는
잘못된 내 마음의 자석 어떻게 바꿀까?

빗방울과 거미

거미줄 청소하러 모여든 빗방울
해야 할 청소는 뒷전에 남겨두고
거꾸로 대롱대롱 달려 철봉놀이 신났다

함부로 다루다간 그물망 찢어진다고
거미가 고함쳐도 빗방울은 못 들은 척
화가 난 속상한 거미 눈흘기며 쳐다본다

윤진애 경남 창녕 출생. 2014년 《시조시학》 신인작품상 등단

내 동생이 생긴대요 외 2

| 이동배

어느 날
싱글벙글 웃으며
엄마 아빠 알려줬어요.

몇 달만 기다리면
귀여운 내 동생이
찾아온다고

“정말요?”

“몇 달을 기다려도
괜찮아요.”

“1년도 손꼽아 기다릴래요.”

예쁜 내 동생
기다릴래요.

아가는

우리 집 아가는
울음소리로 통해요

으앙 으앙
젖 주세요.

으앙 으앙
안아 주세요.

으앙 으앙
업어 주세요.

으앙 으앙
같이 놀아요.

똑같이 울어도
엄마는 다 알아들어요.

징검다리

누가 누가 놓았지
퐁짝퐁짝 징검다리

자그만 시냇물 위에
동글동글 바윗돌

조올 졸 흐르던 물도
뱅 뱅글 돌아보고

송사리 떼 모여들어
숨바꼭질하다가

울긋불긋 나뭇잎 배
쉬어가며 놀던 다리

이동배 1996년 《현대시조》 신인상, 2010년 한국아동문예상 등단. 현대시조 동인, 섬진시조문학회장, 한국 · 경남 · 합천 · 김해문협, 경남 · 진주시조시인협회 부회장, 경남문협 이사, 한국불교문인협회 · 국제펜 회원. 시조집 《합천호 맑은 물에 얼굴 씻는 달을 보게》(3인 사화집), 《흔적》. 김해삼성초등학교장

할머니 방 티비 외 1

| 이 림

할머니 방 티비는 밤이면 혼자 논다
티비를 틀어야 잠이 온다는 할머니
엄마가 살살 들어가 리모컨을 누르면 할머니 자다 벌떡
—내 안 잔다! 끄지 마라
심심한 티비
내 방에 티비가 있다면 나는 밤새 봐 줄 텐데

할머니 방 티비는 낮에도 켜져 있다
티비를 틀어놔야 나물도 잘 가려지고, 빨래도 잘 개어
진다는 할머니
뚜비 바비 소리에 할머니 방으로 들어서면 할머닌
—안 돼! 공부해야지!
보고싶은 티비
나도 티비 보면서 공부 잘할 수 있는데

밑간

—어머니, 쇠고깃국 맛이 왜 이래요?

새 숙모 쩔쩔 매자
할머니 한 말씀

—간장 한 숟갈만 더 넣어

—어머니, 호박 부침개 맛이 왜이래요?

엄마가 쩔쩔 매자
할머니 한 말씀

—소금 한 소끔만 넣어

밑간을 잘해야 제 맛이 난대요
단맛도 구수한 맛도 살아난대요

예쁜 마음 받쳐줘야 예쁜 얼굴 되는 것처럼요

이 림 창원 출생, 부산대학교 국어교육학과 졸업. 1992년 경남신문 · 서울신문 신춘문예, 1994년 계몽아동문학상 장편동화 당선. 제 7차 교육과정 국어 교과서 〈울타리 속 비밀〉 수록. 펴낸 책 《뿔리야, 빨리!》 외 다수

책 읽는 소녀상

| 이선향

난쟁이 채송화도
키다리 해바라기도
책 읽는 소녀상 앞에
옹기종기 모였다.
"오늘은 어떤 책을 읽어주나?"

봉숭아 꽃잎 따던 영아도
축구공 찾으려던 석이도
꼼짝 않고 책만 읽는
그 친구를 찾았다.
"오늘은 누구에게 읽어주나?"

지나가던 바람에게
흔들리는 나뭇잎에게
"쏴아아"
소나기에게도 책을 읽어주고 있다.
오늘은 무지개도 들었나보다.

쉿! 가만가만
"책 읽는 소리 들어보자."

이선향 경남 합천 출생. 대구교육대학교, 방송통신대학교 국어국문학과 졸업. 2006년 《부산일보》 신춘문예 동시 당선. 경남교원예능 경진대회 다수 입상. 진주문인협회 회원. 사천 곤명초등학교 교사

무지개 선 아침 외 2

| 이영자

막내는 떡보
소문난 떡보
생일 든 이웃에서도 제사 지낸 친척네에서도
떡보 주라 한 뭉텅이 두 뭉텅이
복스럽게도 먹었지

막내가 자라서
젓값 떡값으로
날마다 문안전화 반가워 고마워
오늘은 생일이니 찰떡같은 덕담 필요한데

하느님 미리 준비하셨네
무지개떡 쪄
떡보 생일을

강아지풀

울타리 없는 밭둑에 동네 강아지
떼 지어 떼 지어 오줌 싸고 똥 싸고

청양고추 약 올라라 오줌 싸고 똥 싸고
주렁주렁 자랑자랑 강아지 수다에
한입만 맛볼까 고추잠자리
호오호오 매워라 호들갑 떨다가

빙글빙글 다시 찾네 울타리 없는 밭둑에

할머니와 참깨

톡톡톡톡 얘들아 어서 나와 어서
예 예 나가요 차르르 차르르
톡톡 차르르 톡톡 차르르 해는 저물고
팔이야 어깨야 끙끙 앓는 할머니
저희들이 맞았는데 왜 할머니가 아프세요
함지박의 깨들이 웃으며 묻는다
사랑의 매는 때린 쪽이 아프거든—
못 알아듣겠다는 참깨 그냥 까르르 까르르

이영자 함안 파수 출생. 1989년 시집 《초승달 연가》 등단. 시집 《개망초꽃도 시가 될 줄은》 《식당일기》 《그 여자네 집》. 한국현대시인협회, 경남문협, 마산문협, 마산교구가톨릭문인회 회원

어머니 마음 외 2

| 이창규

공부할 때
과일 깎아 주시는
어머니
동그란 마음으로
깎아 주십니다.

둥근 마음
물든 과일 먹으면
공부가 즐겁고
맛이 그만입니다.

공부할 동안
어머니 마음에도
발갛게 물들어
공부가 즐겁습니다.

맛있는 삼원색

채소가게 앞에서
아이들 제각각
좋아하는 색깔
맛보고 싶었다.

"우리 엄마
좋아하는 딸기"

"우리 아빠
맛나다는 참외"

"우리 동생
뽀빠이 시금치"

아이들은 제각각
나는 토마토,
나는 귤,
나는 파란 포도,
맛있다며 고른다.

새 싹

봄비가 왔나,
까만 씨앗
창문 열고 일어선다.

수줍어 고개 숙인
연둣빛 새싹
두 팔 벌려 만세다.

뒤따라온
봄바람
잠깬 새싹
우쭐대며 팔랑거린다.

이창규 경남 산청 출생. 1978년 《아동문예》 3회 천료. 한국아동문학상, 수필문학상 수상. 동시집 《열두 달 크는 나무》, 《꽃들의 웃음 소리》 외 39권. 국제PEN 한국본부 경남PEN 회장

내 방이 생기면 외 1

| 임상열

내 방이 생기면
과자로 채우고
사탕으로 채우고
초콜릿이 생각나
사탕 지우고

내 방이 생기면
오늘은 딱지치고
내일은 구슬치고
로봇이 생각나
구슬 지우고

내 방이 생기면
강아지도 데려오고
고양이도 데려오고
친구가 생각나
고양이 지우고

내 방이 생기면
무얼 채울까
누굴 초대할까
생각만 해도
기분이 둥실~둥실~

몽땅 연필

심술쟁이 몽땅 연필
뚝하고
금방 부러지더니

뱅글뱅글 돌다가
미끄덩
후울쩍 탈출 성공

복도 위를 또로록
굴러굴러
어디를 가는지?

"몽땅 연필아!"
불러도
쳐다도 안 보고

지 혼자 데구르르

바쁜 척

도망을 간다

임상열 경남 함양군 출생. 2013년 《아동문예》 등단. 제249회 아동문예문학상 수상

무서운 생각 외 2

| 장진화

가스레인지 위에서
저녁 내내 푸우 푸우
하얀 김 내뿜고 있는
커다란 찜통

—엄마, 뭐 하는 거야?

—곰국 끓이지

곰국?
저 찜통에 곰 한 마리가 통째로?

숙제를 하는데 자꾸만 눈이 간다
들썩거리는 찜통 뚜껑 열고
곰 한 마리
튀어 나올 것 같아서

즐거운 그림

두메산골 굽은 흙길
강아지 한 마리
꼬리 흔들며 달려오고

장작 실은 경운기
탈탈탈
웃으며 뒤따른다.

기름값 걱정에
한겨울에도 보일러 아껴 켜던
할아버지 태우고

뒷담 굴뚝 곁에 놀던 고양이
은근슬쩍
툇마루 거쳐 안방 아랫목으로
쪼르르

초승달

저녁을 먹고 숙제하는데
미닫이문 손잡이
창문에 걸렸다

스스륵 열어보면
무슨 세상 열릴까?

공부 없는 세상
아이스크림으로 만든 세상
롤러코스터 신나게 탈 수 있는 세상

—숙제 안 할래?

엄마 목소리에
철컥 잠겨버리는
밤하늘 문

장진화 2013년 《아동문예》 등단. 이원수문학관 사무국장

약 속 외 2

| 전문수

해님은 낮 동안을 밝혀주기로
달님은 밤 동안을 밝혀주기로

감나무는 감만 열기로
사과나무는 사과만 열기로

이 세상 처음 생기던 날
굳게 맺은 약속
단 한 번도 안 어겼지

이 세상에서
가장 잘 지켜지는 약속

처음 그 자리

처음 마음 정하고
뿌리내린 그 자리에서
나무들은

한평생을 살다 마친다.

비옥한 땅이든
척박한 땅이든

최초로 약속한
흙과의 정을 믿어
후회 없이
살다 간다.

엄마 생각

엄마 얼굴 그리다가
잠든 순이
꿈속에서 숨죽여 흐느꼈습니다.

울다가, 울다가
설움이 북받쳐
으앙 소리 내어 울려는데
꿈이 깨었습니다.

창밖에서 아기 울음소리가
들렸습니다.

어제 새로 사온 강아지가
엄마를 부르며
혼자 울고 있었습니다.

전문수 1964년 《경향신문》· 1970년 《중앙일보》 신춘문예 동시 당선, 1981년 《현대문학》 문학평론 2회 천료. 경남문인협회장, 경남문학관장, 마산문인협회장 역임. 창원대학교 명예교수, 《작은문학》 주간

수국 외 1

| 정현대

은은한 모습
소담스럽다

풍성한 둥근 꽃송이
화사하다

파스텔로
여름을 색칠하였나?

달맞이꽃

산들바람 부는
여름 강가에
어둠이 내리면

낮에 피었던 꽃들
얌전하게
봉오리를 오므리고

달마중하려고
얼굴 내미는
꽃

밤에 오히려 활짝 피어
어두운 길을
노랗게 밝힌다

정현대 진주 출생, 《새교실》 시, 《현대시조》, 《아동문예》 동시 천료 및 당선, 경남아동문학상, 대한아동문학상, 현대시조문학상 수상. 진주문인협회 회장 지냄. 동시집 《햇살처럼》 《달빛처럼》 외

벙어리장갑 외 1

| 최영인

—너
　피아노 칠 수 있어?

—아니(도리도리)

—공기놀이는?

—아니(도리도리)

—그럼 귀요미는 할 수 있어?

—아니(도리도리)

—바붕!
　그러니까 벙어리지.

—그래두 난 칭찬은 잘해
　최고!!
벙어리장갑이 엄지를 높이 세웁니다.

바람과 구름

바람이
뭉게구름에 걸터앉아
미술 숙제를 했대요

나무도 그리고
기차도 그리고

토끼도 만들고
곰돌이도 만들고

영차!
여엉차~

바람은
작품이 부서질까
천
 천
  히

최영인

천
 천
  히
숙제 검사 맡으러
학교에 간대요.

최영인 《경남신문》 신춘문예 동화 당선, 《아동문학평론》 동시 신인상. 《아동문예》 동화작품상, 경남아동문학상 수상. 동시집 《외갓집 가는 기차》 《노란 딸기》 《내 친구가 졌다》, 동화집 《내키 할머니와 오두막집》

그리운 마법 시계 외 2

| 하순희

앨범을 넘겨보면 시간이 숨어 있죠
유치원 모자 쓰고 엄마 따라나서던
즐겁던 웃음소리가 종소리로 울려요

선생님과 친구들과 헤어지기 싫어서
눈물방울 또르르 맺히던 졸업식 날
슬펐던 노랫가락이 숫자로 돌아가요

어느새 훌쩍 자라 마법에 걸린 시간
다시는 그 옛날로 돌아갈 수 없는 걸까
부모님 손잡고 걷던 꿈속의 그 시절로

다리 위 꽃집에서

귀여운 다육이가
자기하고 놀재요

오종종 한잎 두잎
가지를 뻗으면서

발걸음 못 떠나가게
떼를 쓰며 불러요

스마트폰 컴퓨터
영어학원 태권도

짜여진 시간표대로
달리는 거 좀 쉬고

마음을 내려놓고서
어여쁜 꽃잎 봐 달래요

다리미

더운 여름 엄마가
아빠 옷을 다립니다

땀에 절은 옷가지들
깨끗이 씻어 말려

구겨진 주름을 펴며
가족 옷을 다립니다

땀방울이 송글송글
더운 김이 샤샤샤

건강하고 바르게
모두 다 잘 되라고

마음도 다림질하여
좋은 일들 하라고요

하순희 《시조문학》 천료, 경남신문 · 서울신문 신춘문예 시조 당선, 한국아동문학연구 동시조 당선. 경남시조문학상, 중앙시조대상 신인상, 성파시조문학상 외 수상. 시집 《별 하나를 기다리며》 《적멸을 꿈꾸며》, 《꿈을 키우는 나무》(경남신문사 공저). 경남아동문학회 이사, 한국여류문협 부회장, 오늘의 시조시인회의 회원

여름 코스모스 길 외 2

| 하 영

마산 성호초등학교 담장 옆,
사라진 기찻길에
여름 코스모스 한창입니다.

엄마 손잡고
천천히 천천히 꽃길 따라 걸으면
환하게 웃으며 손 내미는 짝꿍이 있고
바다 건너 멀리, 이민 간 욱이 얼굴
아른아른 달려옵니다.

한 계절 앞서 피는 코스모스 꽃길에는
엄마만 아는 추억이란 이름의 간이역 있고
엄마만 아는 꽁지머리 나풀대는 순이가 있고
엄마만 아는
구멍 난 검정고무신의 따뜻함이 있다 합니다

순정 조화 애정이란 꽃말 속에
내 비밀도 함께 녹아
다디단 솜사탕이 되곤 합니다

낮달을 건졌더니

외갓집 뒷마당 웅덩이에 빠진 달

표주박으로 건져 창가에 놓았지요

자세히 보고 싶어 얼굴 바짝 대고 보니

주근깨 투성이 내 얼굴만 보이네요

자박자박

소리도 없이

어디로 갔을까요?

찰방찰방

물방울 튕기지도 않고

무지개다리를 건넜을까요?

비 갠 봄날

버려진 옹기 항아리 속에서
모락모락 아지랑이 피어올라요

옮은 햇볕으로 목욕하는 아지랑이
지나가던 구름이 빼꼼 들여다보고
해님도 슬며시 내려다보셔요.

봄바람도 조심조심
홍매화 꽃잎도
조심조심

비 갠 봄날은
하느님도 마음 설레시는 날

하 영 경남 의령 출생. 1989년 계간 《문학과 의식》 신인상 시, 2000년 《아동문예》 동시 등단. 남명문학상 신인상, 마산시문화상, 경남아동문학상, 시민불교문화상 수상. 시집 《너 있는 별》 《빙벽 혹은 화엄》 《자귀꽃 세상》 《햇빛소나기 달빛반야》 등, 동시집 《참 이상합니다》, 인도순례기 《천축 일기》

누군가에게는 외 1

| 하종숙

슬래브 지붕 위에 생뚱맞게
피어있는 강아지풀
잎 지고 나면 뽑으려고
벼르고 있는데

쭈뼛쭈뼛 어깨
내어주는 강아지풀
잠자리 한 마리
온종일 놀고 있었네.

독서실

—형준에게

움직임도 사라진
아무것도 없는 듯
고요한 그곳

하지만
아무것도 없는 듯한
그곳엔 많은 것이 꿈틀댄다

꿈, 희망, 목표, 부모님의 사랑

창문 틈으로
한 줄기
파란 빛 보인다

더듬더듬 촉수 높여
한 걸음
한 걸음

하종숙 경남 창녕 출생. 마산대학 사회교육원 시창작과정 수료. 2003년 《시와비평》 시, 2004년 《아동문예》 동시 발표. 경남아동문학상 수상. 동시집 《내 친구 금보》(2008년 황우 이준범 창작기금). 창녕 · 마산문협 회원, 시사랑문화인협의회 영남지회 이사

회원작품

동화

고래 인형

| 김문주

빨간 버섯 집에 사는 연지는 며칠 전부터 중얼거리는 바람 소리를 들었어요. 파도가 넘어지는 소리와 비슷했어요. 희미하지만 안개 자욱한 바다같이 마음을 설레게 하는 소리였어요.

그런데 그날, 고래바위에서 보고 말았어요!

할아버지는 읍내에 가 돌아오지 않고 있었지요. 연지는 빨간 버섯 집을 나와 깎아지른 바닷가로 내려갔어요. 지붕이 빨갛다고 연지가 이름 붙인 게 빨간 버섯이에요. 고래바위도 고래처럼 생겼다고 연지가 붙인 이름이지요.

고래바위 등을 타고 앉아 두 발은 물속에 담갔어요. 미역줄기 하늘거리는 바닷물이 연지 발목에서 찰랑거렸다.

"찰랑아, 안녕!"

파도에게 인사를 한 다음 순간이었어요. 바람이 뭐라고 말을 걸어왔어요. 발목에서 놀던 물결이 갑자기 몸을 세웠어요. 연지가 고개를 든 순간이었어요.

연지만 한 몸집의 새까만 물고기가 솟아오르더니 멀리뛰기를 하듯 검은 돌들 뒤로 사라졌어요. 연지는 두 눈을 비비고 다시 보았어요. 이번에는 여러 마리가 등지느러미를 세우고 사뿐사뿐 몸을 흔들며 지나갔어요.

"야! 고래다."

할아버지가 만든 고래 인형과 똑같은 모습이었어요. 연지의 목소리를 알아들은 듯 고래 한 마리가 연지 쪽으로 다가왔어요. 이렇게 커다란 물고기를 가까이서 보는 건 처음이지만 겁이 나지 않았지요.

"고래야! 반가워!"

연지가 손을 내밀자 고래의 머리가 연지 손끝에 닿았어요.

"안녕, 연지야!"

연지의 머릿속에서 찌릿찌릿 목소리가 울렸어요. 연지는 깜짝 놀랐어요.

"고래야, 네가 말을 했니?"

"그래, 연지야. 우린 널 만나러 왔어."

고래는 원을 그리고는 고래들 틈으로 돌아갔어요. 오른쪽 왼쪽으로 바쁘게 다니다가 고래들은 검은 돌 뒤로 멀리 사라졌어요.

"고래야! 나중에 또 만나!"

연지가 외치자 고래 한 마리가 풀쩍 뛰어올랐어요.

연지는 고래가 한 말이 지워지지 않았어요. 며칠 전부터 들리던 중얼거림, 바람 소리 같고 파도 소리 같던 그 목소리였어요.

'나를 만나러 왔다고?'

고래가 말을 건네는 순간, 몸속에서 뭔가 파닥거리는 것만 같았어요. 동네에서 어슬렁거리는 노랑이나 학교 가는 길에 보는 얼룩이와 이야기할 때와는 완전히 달랐어요. 노랑이는 집 없는 고양이, 얼룩이는 큰길가 가겟집의 강아지예요.

연지는 빨간 버섯 집으로 달려갔어요. 할아버지는 아직 안 오셨어요. 일층에 있는 할아버지 작업실로 들어갔어요. 작업실 맨 안쪽에 있는 조각상 앞에 섰지요.

"엄마, 아빠!"

연지는 숨이 차서 엄마 아빠를 불렀어요. 엄마는 언제나 그렇듯이 웃는 얼굴로 먼 곳을 쳐다보고 아빠는 그런 엄마를 가만히 바라보았어요. 그런데 오늘은 엄마 아빠가 연지를 쳐다보며 웃는 것 같았어요.

"엄마, 아빠! 고래가 나한테 말을 했어. 노랑이나 얼룩이가 하는 말하곤 달라. 온몸이 찌릿찌릿했어. 나를 만나러 왔다고 했어."

엄마 아빠는 다 안다는 듯이 빙그레 웃을 뿐이었어요.

"연지야. 뭐하니?"

할아버지가 문 앞에 서 계셨어요.

"할아버지, 고래가 왔어요. 저기 고래바위에서 봤어요. 저런 고래였어요."

연지는 엄마 아빠 옆에 있는 고래 인형을 가리켰어요. 고래를 좋아하는 할아버지가 만든 나무 고래인데 색깔도 칠해서 꼭 진짜 같거든요. 인형치고는 굉장히 컸지만 연지는 고래 인형이라고 불렀지요.

연지는 자랑스럽게 말했지만 할아버지는,

"올라가서 밥 먹자."

하고 무뚝뚝하게 돌아섰어요.

"치이, 할아버지, 내 말 안 믿죠?"

연지는 이층으로 올라가 바다가 보이는 창가에 앉았어요. 할아버지는 연지가 좋아하는 생선을 구웠어요. 연지는 다리를 달랑거리며 꿈꾸는 표정으로 바다를 바라보고만 있고요. 할아버지는 그런 연지를 보고 깊은 한숨을 내쉬었어요.

아주 오래전, 할아버지가 어릴 적에 고래족 이야기를 들은 적이 있었어요. 육지에서 살다가 바다로 돌아간 고래가, 육지가 그리워 사람으로 변해 육지로 온다는 전설이었어요. 사람으로 한참 살다가 때가 되면 바다로 돌아간다는 고래족이 이 동네 앞바다에 살았다고 했어요.

할아버지는 고래를 좋아했어요. 그래서 고래에 대해 아는 것이 많았어요.

고래의 조상들은 원래 육지에 살았대요. 다리가 있고 허파로 숨을 쉬고 새끼를 낳는 포유류였어요. 그런데 어쩌다가 다시 바다로 돌아가 살게 된 독특한 종이에요. 그래서 다른 물고기들과 달리 허파로 숨을 쉬고, 꼬리지느러미가 수평 모양이라고요.

가끔 고래족을 보았다는 사람이 있었어요. 할아버지도 고래족을 본 적이 있어요.

십년 전, 조각에 빠져 나무만 안고 지낼 무렵, 낯선 남녀가 찾아왔어요. 아직 돌도 되지 않은 것 같은 아기를 안고 있었지요.

"비바람 때문에 숙소를 찾지 못했어요. 죄송하지만 하룻밤만 쉬어가면 안 될까요?"

우는 아이를 못 본 척할 수 없어 이층 방을 내주었어요. 할아버지는 어차피 일층에서만 지내고 있었어요.

다음 날, 일찍 바다로 나간 젊은 부부는 물고기를 잡아와 요리를 했어요. 무엇으로 간을 했는지 향기로운 냄새와 맛이 일품이었지요. 그리고 근처를 돌아본 후 저녁이면 다시 할아버지네 집으로 돌아왔어요. 할아버지는 어린것이 예뻐서 가라고 재촉하지 않았어요.

사나흘을 그렇게 지낸 어느 날 새벽이었어요. 문득 물소리에 잠이 깬 할아버지는 바다를 내려다보다 깜짝 놀랐어요. 두 사람이 바다로 걸어 들어가고 있었어요.

할아버지가 손을 뻗으며 고함을 지르려는 순간, 두 사람이 할아버지를 쳐다보았어요.

"우리들은 고래족인데 이제 바다로 돌아가야 할 시간이랍니다. 아이를 부탁드립니다. 십 년 후에 데리러 오겠습니다."

두 사람은 물로 뛰어들더니 새까만 고래 두 마리가 솟아올랐어요. 그리고 할아버지를 한번 돌아보고는 먼 바다로 사라졌어요.

그 후부터 할아버지는 나무로 고래를 다듬었어요. 연지 엄마 아빠의 조각상과 고래 한 쌍을 본 사람들 중 비싼 값에 사려는 사람도 있었지만 할아버지는 팔 생각이 없었어요.

그런데 얼마 전부터 고래 등을 쓰다듬으면 이상한 느낌이 오곤 했어요. 고래의 미끈한 등이 꿈틀대는 것 같기도 하고 물결처럼 울렁거리는 것 같기도 했어요.

'정말 고래족이 다시 온 걸까? 연지를 데리러?'

할아버지는 고개를 저었어요. 연지를 보낸다는 건 생각도 할 수 없었어요. 연지는 자기가 어릴 때 엄마 아빠가 멀리 외국으로 간 줄로만 알고 있어요.

'미안하다, 고래야.'

할아버지의 손이 고래 등을 다시 쓰다듬는 순간, 고래가 파다닥 움직이는 것 같았어요. 가슴속에서 무언가가 물결치기 시작했어요. 갑자기 물줄기가 솟구쳐 오르더니 할아버지는 꼭 고래가 된 것 같았어요. 아주 오랫동안 육지에서 살면서 자기가 고래족인 줄도 모르는 고래족도 있다고 들었어요.

"할아버지, 수영이 배우고 싶어요."

연지는 며칠째 할아버지를 조르고 있어요. 하지만 할아버지는 아직 물이 차가우니 한여름이 되면 배우라고 했어요. 연지는 일주일 사이에 살이 쪽 빠졌어요. 밤에도 파도가 부른다며 깊이 잠들지 못했어요.

"할아버지, 정말로 바다가 나한테 자꾸 말한다니까요, 바다로 오라고요!"

"몸이 허약해져서 그래. 아무래도 안 되겠다. 이사를 가든지 해야지."

그때였어요. 열린 창문으로 바닷가에서 무언가 반짝이는 것이 보였어요.

"야! 고래다!"

튀어 오른 고래들이 달빛을 받아 반짝였어요. 할아버지의 가슴속에서도 파도가 치기 시작했어요.

"우린 고래를 데리러 왔어요."

고래가 하는 말이 머릿속에서 울렸어요. 연지는 벌떡 일어나 신발을 신었어요.

"할아버지, 고래가 불러요."

할아버지는 연지를 꼭 껴안았어요. 연지의 몸속에서도 무언가가 꿈틀대는 듯했지만, 할아버지는 연지가 꼼짝 못하도록 더 세게 껴안았어요.

이윽고 파도가 조용해지고 연지는 잠이 들었어요. 할아버지는 작업실로 내려갔어요. 할아버지는 연지 엄마 아빠의 얼굴을 쓰다듬으며 애원했어요.

"연지를 데려가지 마시게. 제발."

그때 옆에 있던 고래들이 꿈틀거리는 것 같았어요. 고래들은 더 이상 나무 인형이 아니었어요. 바다보다 깊은 푸른 색깔의 등이 물결치고 있었어요.

"아! 너희들이구나. 바다로 돌아가거라. 우리 연지는 지금은 안 돼."

할아버지는 고래들을 밀었어요. 미끄러지듯이 작업실을 빠져나온 고래들을 할아버지는 바닷가로 밀었어요.

"할아버지, 고래를 데리고 어디로 가세요?"

자는 줄 알았던 연지가 이층에서 내려다보고 소리쳤어요.

"고래들이 이 친구들을 데리러 왔다는구나. 보내주자꾸나."

"나도 갈게요."

연지는 잠옷 바람으로 후다닥 내려왔어요. 연지와 할아버지가 고래들을 바다를 향해 밀었어요.

뽀얀 달빛이 내려오는 바다에서 고래가 뛰어올랐어요. 할아버지는 속에서 무언가 꿈틀대며 바다로 뛰어들고 싶었어요. 하지만 고래들을 바다로 힘껏 밀어준 뒤 연지의 손을 꼭 잡았어요.

고래 인형은 물 위에서 몸이 살짝 부푸는가 싶더니 날렵하게 헤엄치기 시작했어요. 네 마리의 고래들 중 어느 고래가 진짜 고래였는지 구별할 수 없었어요.

"나중에 데리러 올게요."

고래들이 합창하듯 말하고는 먼 바다로 나아갔어요.

고래들이 달빛 속으로 사라졌어요. 연지는 괜히 눈물이 났지만 할아버지가 볼까봐 얼른 눈가를 닦았어요. 보름달 속에 큰 고래 한 마리와 작은 고래 한 마리가 서 있었어요.

김문주 2002년 문학사상사 장편동화 공모 당선. 한국안데르센문학상, 경남아동문학상 수상. 장편동화 《할머니, 사랑해요》《할아버지와 키작은 도둑》《왕따 없는 교실》《천사를 주셔서 감사해요》《똥 치우는 아이》《봉구뽕구봉규야》《사랑해요 순자언니》 출간

건우야, 고마워

| 김임지

엄마가 깨우기도 전에 일어났다.

보통 때 같으면 얼굴에 대충 물 칠만 하는데 오늘 아침에는 비누로 뽀독뽀독 씻고도 개운치 않아 한 번 더 씻었다. 마지막에 찬물로 마사지하는 것도 잊지 않았다.

거울 앞에 섰다. 제일 먼저 얼굴에 로션을 꼼꼼하게 바르고 어젯밤에 감은 머리를 정성스럽게 빗었다.

"에이, 똑바로 잤는데!"

빗에 물 칠을 해서 옆으로 뻗친 머리를 가지런히 빗어 드라이까지 했다.

머리는 나무랄 데 없이 단정해졌다. 역시 길쭉한 얼굴이 문제다.

양 볼을 크게 부풀려봤다. 별로 달라 보이지 않는다.

'내 별명이 왜 당근인지 알겠어. 내가 봐도 딱 당근이네.'

아까부터 내 모습을 살피던 엄마가 주걱을 든 채 불쑥 방으로 들어왔다.

밥하느라 빨개진 볼과 파마머리에 길쭉한 얼굴 모양이 영 낯설지 않다. 오늘 따라 엄마도 알이 더 굵고 길쭉한 당근처럼 보였다.

"여진아, 너 무슨 일 있니?"

엄마가 방바닥에 널브러진 옷이랑 화장품을 훑어보면서 너도 한 번 보라는 눈치다.

"뭘요? 늘 하던 대로 하고 있는데……."

나는 모른 척하고 옷가지를 옷장 안에 쑤셔 넣었다. 옷이라고 해 봐야 몽땅 티셔츠랑 바지뿐이다. 눈을 씻고 봐도 입을 게 없다.

"엄마, 새 옷 좀 사 줘. 원피스 같은 거."

"원피스? 언제는 유치하다고 원피스 같은 거 안 입는다고 했잖아?"

"그래도 만날 바지만 어떻게 입어."

"그래? 너, 혹시 좋아하는 애 생겼니?"

참말로 이상하다. 무슨 이유로 엄마가 그런 말을 하는지 모르겠다.

"왜, 좋아하는 애 생기면 안 돼?"

그냥 튀어나온 말에 나도 놀랐다. 얼른 손으로 입을 막았지만, 엄마 눈이 둥그래져 있었고, 내 머릿속엔 한석이 얼굴이 달덩이처럼 두둥실 떠올랐다.

조한석, 우리 반에서 한석이를 싫어하는 여자아이는 거의 없다. 나라고 별스럽지 않은 여학생이니까 한석이를 싫어하지 않는다. 왜냐하면 싫어할 이유가 없기 때문이다. 한석이는 공부도 잘하고 운동도 잘하고 얼굴도 연예인처럼 잘생겼고 화도 잘 내지 않는다. 단순히 그 이유로만 한석이를 좋아한다면, 내가 원피스까지 입을 일은 없다.

내가 한석이를 좋아하는 이유는 따로 있다.

한석이는 내 별명을 부르지 않는다. 우리 반 남학생 대부분은 내게 '야, 홍당근, 홍당무' 라고 제멋대로 별명을 지어서 부른다. 하지만 한석이만은 한결같이 '홍여진' 이라고 부른다.

자신이 어쩌지 못하는 외모나 성을 가지고 놀리는 건 정말 찌질한 짓이라 생각한다. 그러니 우리 반 찌질이 남학생들과 한석이는 뭔가 다른 데가 있다.

만약 내가 다시 태어났는데 미스코리아처럼 예쁘다면, 절대로 잘난 체는 하지 않을 거다. 못생긴 아이들에게 별명을 지어 부르지도 않을 거다. 예쁘게 태어난 것만으로도 감사해서 세상이 모두 아름답게 보일 것만 같다. 그러면 나도 한석이 같은 착한 마음이 저절로 생길 것 같기도 하다.

어쨌든 내가 한석이랑 짝이 되었다.

어제 짝을 바꾸고 나서 선생님이 하셨던 말씀도 정말 의미심장했다.

'여러분, 우리가 같은 학교, 같은 학년, 같은 반으로 만난 건 정말 큰 인연이에요. 짝으로 만나는 건 더 큰 인연이라고 볼 수

있어요. 누가 짝이 되더라도 서로를 존중하고 잘 알아가길 바래요.'

선생님 말씀대로 짝이 된 인연으로 한석이를 좀 더 알아보고 싶다. 그리고 나 홍여진이 당근이라는 흔해빠진 야채 별명으로 불릴 만한 아이가 아니라는 걸 확실히 보여주고도 싶다. 그래서 '친구를 칭찬합니다' 통에 한석이가 내 이름을 적어서 넣게 만들고 싶다. 한석이가 나에게 감동할 때마다 내 이름과 사연을 또박또박 적어서 '칭찬합니다' 함에 넣는 상상을 해봤다. 저절로 웃음이 나왔다.

4학년 2반 교실 문 앞에 섰다.

보통 때 같으면 거침없이 들어갔을 텐데, 창문 너머로 한석이가 왔는지부터 살폈다. 한석이가 책상에 앉아 있다. 그런데 한석이 옆자리에, 그러니까 내 자리에, 윤소라가 삐딱하게 걸터앉아 있다. 무슨 얘기를 하는지 소라가 배를 잡고 웃고 있고, 한석이는 억지로 웃어주고 있는 것 같다.

생각지도 못한 윤소라라는 복병이 생겼다.

나는 교실 복도 벽에 기대서 잠시 생각을 정리하기로 했다.

소라는 공부도 잘하고 집이 부자여서 친구들한테 인기가 많다. 무엇보다 얼굴이 예쁘다.

그런 소라에 견주면 나는? 다른 건 몰라도 얼굴이 정말 아닌 것 같다.

내 얼굴이 어떻게 생겼든 나 홍여진은 전 우주에 단 한 명뿐이고, 우리 아빠 엄마의 유일한 딸이다. 그래서 누구 앞에서든 당당하다. 하지만 이상하게도 소라 옆에만 가면 기가 죽는다.

우리 반 찌질한 남학생들도 모두 소라에게는 친절한 것 같다. 소라껍데기, 소라빵, 소라무침, 이름만으로도 얼마든지 별명을 지을 수 있는데도 소라는 그냥 윤소라다.

교실 문을 열고 내 자리로 털레털레 걸어갔다.

한석이가 나를 보더니 활짝 웃었다. 역시 한석이는 소라보다 내가 더 좋은 게 틀림이 없다.

내 책상 앞에 섰는데도 소라는 나를 본체만체한다.

비키라고 소리치고 싶은 걸 꿈 참고 나지막이 말했다.

"여기 내 자리야."

소라가 그 사실을 처음 안 듯한 얼굴을 하며 말했다.

"아, 맞다! 네가 한석이 짝이지?"

소리가 실실 웃으며 비꼬는 것 같다.

점심시간을 알리는 종이 울렸다.

우등생 한석이랑 짝이 되어서 그런지 수업 시간이 하나도 지겹지 않았다. 한석이가 메모할 때마다 나도 따라서 메모를 했다. 한석이가 밑줄을 그을 때는 나도 덩달아 밑줄을 좍 긋고 별까지 예쁘게 그려 넣었다. 어느새 점심시간도 후딱 다가왔다.

언제나 마음이 잘 통하는 은미랑 식판을 들고 와서 나란히 앉았다. 앉자마자 기름이 반지르르한 소시지 볶음을 2개나 집어 들었다. 그걸 한입에 넣으려는데, 누가 내 옆자리에 앉으며 말을 걸었다.

"여진아, 너 소시지 좋아하냐? 내 것도 줄까?"

한석이가 하얀 이를 드러내며 살짝 웃었다.

아뿔싸! 나는 한입에 다 넣으려던 소시지 볶음을 한입만 살짝 베어 물고 도로 식판에 놓았다.

"아, 아니. 괜찮아. 내 것도 많다."

한석이가 고개를 갸웃하면서 웃었다.

나와 한석이를 번갈아 보던 은미가 킥킥댔다. 급식실에서까지 한석이가 내 옆에 앉을 필요는 없다는 생각이 들었다.

그때 소라가 한석이 옆으로 다가와 앉았다.

"한석아, 너 소시지 싫어해? 싫으며 나 줘."

소라가 한석이 식판에 있는 소시지를 싹싹 긁어서 자기 식판에 가져다 놓았다. 소라는 늘 저런 식이다. 자기 행동에 거침이 없다.

"그래, 너 먹어."

화를 내도 시원찮을 판에 한석이가 소라를 향해 함박 웃는다. 수업 시간에 내 지우개를 빌리면서 웃을 때보다 더 크게.

'치, 한석이는 누구에게나 저렇게 웃지. 미소 왕자가 아니라 헤픈 왕자네!'

내가 만들어준 미소 왕자라는 별명을 뺏고 싶었다. 남은 소시지 볶음을 입안 가득 넣고 우적우적 씹어 먹었다.

종례시간이다.

선생님이 전달사항을 말씀하시고 칠판에 큰 글씨로 뭔가를 적기 시작했다.

"아는 것이 적으면 사랑하는 것도 적다."

—레오나르도 다빈치

선생님은 가끔 칠판에 시나 명언 같은 것을 적어서 이야기를 해 주신다. 오늘의 이야기 주제는 칠판에 적은 내용이지 싶다. 선생님은 가방 정리를 하느라 어수선한 아이들이 조용해질 때까지 기다리셨다.

"레오나르도 다빈치 하면 제일 먼저 무슨 생각이 나죠?"

"장갑차요!"

"모나리자요!"

"화가요!"

아이들 대답에 선생님은 하나같이 고개를 끄덕였다.

"맞아요. 레오나르도 다빈치는 '모나라자' 라는 그림을 그린 화가예요. 멋진 장갑차도 설계했고요. 조각가, 건축가, 과학자, 발명가, 해부학자이기도 했죠."

"우와~ 직업이 너무 많아요."

"화가, 조각가, 해부학자라는 말은 그냥 사람들이 붙인 거예요. 그중에 어느 하나로 다빈치를 다 표현할 수는 없어요. 확실한 건, 다빈치가 주위에 관심을 갖고 계속 공부하면서 관찰을 했다는 거예요. 그 과정에서 자연스럽게 그 대상을 사랑하게 되었죠."

선생님 말씀이 알쏭달쏭하다. 무언가를 알면 알수록 좀 더 좋아하게 된다는 말일까? 아니면 사소한 것을 소중히 하라는 말일까? 어쨌든 다빈치가 정말 대단하다는 생각이 들었다. 그때, 우리 반 찌질이의 대표이면서 별명이 하마인 백건우가 나섰다.

"선생님! 다빈치는 주변에 있는 여자들에게도 관심이 많았겠네요? 히히."

건우 말에 친구들이 책상을 두드리고 웃어댔다. 역시 찌질이다운 말이다. 저렇게 훌륭한 말씀을 듣고 고작 생각하는 수준이란, 참 한심하다.

한석이랑 짝이 되기 전에 건우랑 짝이었다. 어떡하면 수업 시간에 엉뚱한 말을 할까 연구하는 아이라고 보면 된다.

"선생님은 '아는 것이 적으면 사랑하는 것이 적다' 라는 말을 좀 다르게 이해하고 싶어요. 친구의 겉모습이나 단순한 행동을 보고 판단하지 말라는 거죠."

선생님 말씀이 정말 알쏭달쏭했다. 머릿속에 물음표가 열 개쯤 줄을 선 것 같다. 반 아이들도 모두 뚱한 표정이다.

선생님은 교단을 왔다 갔다 하며 다시 말을 이었다.

"여러분들이 겉모습을 보고 친구들에게 별명을 지어 부른다는 걸 알고 있어요."

선생님 말씀에 얼굴이 점점 더 길어지고 달아오르는 것 같았다. 내 별명이 당근이라는 걸 선생님도 알고 계신 걸까!

"겉모습은 친구의 진짜 모습이 아니에요. 아주 작은 일부분이죠. 하나하나 그 친구만이 가지고 있는 좋은 점을 알아가길 바래요."

맞는 말씀이다. 이 말씀은 윤소라가 새겨들어야 한다. 하지만 제일 먼저 대답한 친구는 찌질이 하마 건우였다.

"네! 선생님!!"

집에 도착하자마자 엄마한테 인사도 안 하고 화장실로 뛰어갔다. 문을 활짝 연 채로 변기에 앉았다. 종례시간부터 배가 살살 아팠는데 겨우 참고 뛰어온 거다. 아랫배에 힘을 주는데 방귀부터 나왔다.

"볼일 보려면 문을 닫고 해야지! 4학년 여학생이 이래도 되는 거니?"

엄마가 영 못마땅한 표정으로 화장실 문 앞에서 버티고 섰다.

"너 원피스 입고도 이런 모습은 아니겠지? 보니까 누구 좋아하는 애가 생긴 것 같은데, 이런 네 모습을 보면 아마 기절할 거다."

엄마가 꼭 윤소라처럼 말하고 있다.

"엄마, 무슨 말이에요? 내가 누굴 좋아한다고 그래요. 빨리 문 닫아 줘요!"

엄마는 도대체 어디까지 알고 있는 걸까?

오늘 아침도 일찍 눈이 떠졌다. 요즘은 엄마의 잔소리 알람소리가 없어도 빨리 눈이 떠진다.

세수를 하고 방에 들어왔다. 엄마가 침대에 걸터앉아 있었다. 요즘 엄마가 내 방에 너무 자주 들어오신다. 나는 어제 입은 바지랑 티셔츠와 비슷한 바지와 티셔츠를 꺼냈다.

엄마가 침대에서 일어서더니 뒤춤에 감춰둔 뭔가를 불쑥 내민다.

"이거 입고 가."

엄마가 내민 것을 확인하고 나는 깜짝 놀랐다. 레이스가 치마 끝과 소매 끝에 앙증맞게 달린 원피스였다. 아직 가격표도 떼지 않은 새 거였다.

사촌언니가 입던 옷을 가지고 올 때마다 엄마가 그랬다.

"너는 콩나물처럼 쑥쑥 자라서 새 옷이 필요 없어. 금방 못 입게 되니까."

물려받은 옷이 죄다 바지라며 숙모 안목이 부족하고 사촌언니가 선머슴애 같다고 통박을 주다가도 내게는 그런다.

"너는 치마보다 확실히 바지가 잘 어울리네. 그치?"

그런 엄마가 새 원피스를 사 주시다니 정말 놀라운 일이다.

속으로는 좋아서 엄마한테 달려가 안기고 싶었지만, 엄마가 내 맘을 다 들여다보는 것 같아서 꾹 참았다.

"오늘 이거 입고 가."

"괜찮은데……, 알았어요. 나가면 입을게요."

엄마 얼굴이 영 못마땅한 것 같았지만 그냥 나가 주었다.

내 방 문이 닫히자마자 원피스를 입었다. 숨을 고르고 거울 앞에 섰다.

흠 잡을 데 없는 원피스에 비해 긴 얼굴이 아쉽다. 하지만 옷이 날개라는 말이 맞다. 원피스는커녕 치마라는 걸 너무 오랜만에 입어서 어색한 기분 빼곤 정말 날아갈 듯했다.

4학년 2반 교실 문 앞에 섰다.

어제는 한석이 때문에 잠시 멈춰 섰지만, 오늘은 새로 산 원피스 때문이다. 매일 예쁜 옷만 입는 소라는 부끄러워서 어떻게 학교에 오는지 모르겠다. 내가 입은 원피스는 주름이 딱 두 번 접혀서 얌전한 편이지만, 소라는 주름을 잔뜩 잡아서 거추장스럽게 부풀어 오른 원피스도 많다. 정말 대단한 소라다.

교실 문을 천천히 열었다. 와글와글하던 교실이 갑자기 조용해지는 것 같았다. 친구들이 죄다 나만 보는 것 같다. 누군가 나를 보고 키득키득 웃는 것 같다. 내 원피스를 가지고 뭐라고 하는 아이는 가만두지 않을 거다.

마침 조한석은 자리에 없었다. 막 가방을 벗는데 누군가 다가오는 느낌이 들었다.

"야! 홍여진, 너 원피스 입었네? 무슨 일 있어?"

찌질이 하마 백건우였다.

건우 말에 친구들이 쑥덕거리는 것 같았다.

누군가 몰래 웃는 소리도 들리는 것 같았다.

내 얼굴이 점점 뜨거워져 폭발할 지경이었다.

나는 건우를 향해 가방을 던져버렸다. 가방이 건우 얼굴에 부딪치고 바닥에 내동댕이쳐졌다.

"네가 무슨 상관이야, 이 하마야!"

정말 순식간에 일어난 일이다. 건우는 놀란 얼굴로 잠시 머뭇거리더니 그냥 가 버렸다.

놀라 뛰어온 건 은미였다.

"너, 왜 그래?"

나도 모르겠다. 그냥 책상에 엎드려 버렸다.

수업 내내 마음이 복잡했다. 쉬는 시간에 한석이가 얘기를 걸어왔지만 대답하기가 싫었다. 건우가 가방에 맞고 놀라던 표정이 자꾸 떠올랐다. 가방에 맞고 바로 화를 냈다면 이런 꿀꿀한 기분은 안 들었을 거다. 생각해 보면, 건우가 나쁜 말을 한 것도 아닌데 왜 그렇게 화가 났는지 모르겠다. 모든 게 원피스를 입은 탓만 같았다.

불행은 왜 몰려서 오는 걸까.

급식 시간에 은미랑 밥을 먹고 있는데 소라가 옆에 앉았다.

"오호! 여진이 너 원피스 입은 거야?"

오전에 기운을 다 빼서 그런지 대꾸할 기운이 나지 않았다. 못 들은 척 밥알만 씹었다.

소라가 그런 내 기분은 아랑곳하지 않고 재밌어 죽겠다는 표정으로 말했다.

"너 원피스 입은 거 처음 봤어. 너, 혹시…… 한석이한테 잘 보이려는 거 아냐?"

소라 얘기를 듣는 순간, 내 몸에 있는 모든 구멍에서 화가 뿜어져 나오는 것 같았다. 오전에 건우와의 사건이 없었다면 그

소리를 듣고 가만히 있지 않았을 거다. 그 자리를 박차고 일어나고 싶은 걸 겨우 참았다.

소라가 내 눈빛을 읽었는지 뒤로 몸을 퉁기는 시늉을 하더니 혼잣말처럼 삐죽거렸다.

"아님, 말구!"

아니면 말고? 어쩜 저렇게 하나부터 열까지 자기 멋대로 생각하고 말하는지 모르겠다. 그런데 소라는 거기서 멈추지 않았다.

"여진아. 근데 너 좀 전에 그렇게 꼬나보니까 정말 무섭더라. 얼굴이 점점 더 아래로 쑥쑥 자라서 폭발할 것 같았어."

나는 숟가락을 식탁에 탁 놓았다.

부처님 예수님 공자님이라 해도 더 이상은 못 참았을 거다. 소라를 향해 눈을 치떴다. 나도 모르게 눈물이 줄줄 흘렀다. 이 상황에서 눈물이 나는 건 정말 웃기지만, 이미 내 눈물은 인내심과 자존심을 넘어서 버렸다. 한 번 터진 눈물은 종잡을 수 없이 흘러내렸다. 아니 벌컥벌컥 쏟아졌다. 소라가 놀라서 입을 쩍 벌리고 얼어붙었다. 은미가 내 팔과 어깨를 잡더니 소라를 꼬나 봤다.

"야, 윤소라. 너 방금 뭐라고 했니?"

소라가 착 가라앉은 내 목소리와 줄줄 흘러내리는 눈물에 놀랐는지, 아무 대답도 못하고 어깨를 움츠렸다.

"선생님이 뭐랬어? 생긴 거 가지고 놀리면 안 된댔잖아. 이 원피스는 그냥 내가 입고 싶어서 입었어."

이제 소라도 울 것 같은 얼굴이 되었다.

"아니, 그게 아니라, 나는 그냥 장난이었는데."

"장난? 아픈 데를 콕콕 찔러놓고도 장난이라고 말하면 다니? 그리고 왜 사사건건 한석이랑 나를 걸고 넘어져? 내 눈에는 한석이가 다른 애랑 다를 게 없는데. 그냥 다 똑같다고! 너처럼 생긴 걸로 누구는 좋고 누구는 싫다고 차별할까봐?"

소라가 그대로 얼어버렸다. 나는 식판을 들고 자리에서 일어났다.

교실로 저벅저벅 걸어가는데 은미가 따라왔다. 은미가 잔뜩 흥분한 목소리로 나를 치켜세웠다.

"여진아! 정말 대단했어. 소라 얼굴 봤지? 처음이야. 걔가 완전히 얼이 나간 모습. 정말 쌤통이다!"

은미가 자기 속이 다 후련한 듯 흥분했지만 나는 맘이 하나도 개운하지 않았다. 소라에게 내던진 말 한 마디 한 마디가 나를 찌르는 것 같았다. 그건 소라한테 한 말이 아니었다. 건우가 나한테 하는 말 같았다.

종례시간이다.

선생님이 '친구를 칭찬합니다' 통을 들어서 교탁 위에 놓았다.

"드디어 오늘 이 상의 주인공을 발표하게 되었습니다."

"와~."

선생님이 중간에 강조하지 않아서 반 애들 거의 다 '칭찬합니다' 함을 까맣게 잊고 있었다.

"오늘 '친구를 칭찬합니다' 상을 받게 될 친구는 아주 특별해요."

선생님 말씀에 모두 귀를 쫑긋 세웠다.

"흐음. 유감스럽게도 이 친구를 칭찬한 친구는 아무도 없었어요."

선생님의 뜻밖에 말에 반 친구들이 술렁거렸다.

"이 칭찬함에는 3개의 칭찬 쪽지가 들어 있었어요. 모두 한 친구가 넣은 거죠."

선생님이 칭찬함에서 칭찬 쪽지를 꺼내더니 TV 화면으로 쪽지를 확대해서 보여 주었다.

세 개의 쪽지가 화면에 나란히 펼쳐졌다.

칭찬할 친구

내 짝 은미를 칭찬합니다.

칭찬하는 이유

은미는 화를 잘 안 냅니다.
지우개를 빌려달라고 해도 바로 빌려 줍니다.
그리고 내 말에 잘 웃습니다.
그래서 내 짝 은미를 칭찬합니다.

201X 년 3월 27일

칭찬할 친구

내 짝 수영이를 칭찬합니다.

칭찬하는 이유

수영이는 수영을 잘한다고 합니다.
수영이가 별명이 하마인 나도 수영을 잘하냐고
물었을 때 배를 잡고 웃었습니다.
이번 여름 방학 때는 수영을 배울 겁니다.
나에게 수영을 배울 수 있게 해준 수영이를 칭찬합니다.

201X 년 4월 25일

칭찬할 친구

내 짝 여진이를 칭찬합니다.

칭찬하는 이유

여진이는 나랑 짝을 하는 동안 한 번도 하마라고
놀린 적이 없습니다. 또 다른 좋은 점은
누가 여진이에게 당근이라고 놀려도 잘 삐지지 않습니다.
나는 누가 내 별명을 부르면 겉으로는 웃지만
속으로 엄청 삐집니다.
나는 여진이의 그런 점을 배우고 싶습니다.

2000년 5월 30일

텔레비전 화면 속 마지막 쪽지가 날아와서 나를 덮치는 것 같았다.

한 방 얻어먹는다는 말이 무슨 말인지, 나는 깨달았다.

나를 칭찬한 이유가 자기를 하마라고 놀리지 않아서란다. 나는 속으로 수없이 건우를 찌질이라고 놀려댔다. 찌질이라는 말은 하마보다 백 배 천 배 더 나쁜 말이다.

또 나보고 누가 당근이라고 놀려도 잘 삐지지 않는단다. 매일 아침마다 엄마 때문에 삐지고, 소라 때문에 삐지고 한석이 때문에 삐지고, 원피스 입었다고 사실대로 말한 건우한테 삐져서 가방까지 집어던진 내가 아닌가.

아무 생각이 없어보이던 건우도 속으로는 삐진단다. 나는 건우한테 미안해서 고개를 들 수가 없었다.

"백건우, 앞으로 나와. 네가 이 상의 주인공이야."

선생님 말이 따뜻하게 얼어버린 교실 분위기를 깨웠다. 아이들이 조그맣게 수런거리기 시작했다.

정작 놀란 사람은 건우 같았다. 건우가 쭈뼛거리며 제대로 일어나지도 못하고 있었다.

"백건우! 선생님 말 안 들려?"

건우는 머리를 긁적이며 교탁 옆으로 가 섰다.

선생님이 건우를 바라보며 싱긋 웃으시더니 교탁 양쪽 가장자리를 잡으셨다.

"학기 초에 여러분과 칭찬함에 대한 이야기를 하고 우리 모두 까먹어 버렸어요. 단원평가다, 학교 행사다 이런저런 핑계 때문이었죠. 하지만, 건우만은 이 칭찬함을 제대로 활용했더군요."

선생님 말에 건우는 머리를 긁적였다.

"처음에는 원칙대로 건우가 칭찬한 은미, 수영이, 여진이에게 '칭찬합니다' 상을 주려고 했어요. 그런데, 모두 똑같이 한 표씩이라 누구에게 줄까 고민스러웠죠."

건우도 애매하다는 듯 고개를 끄덕였다.

"하지만, 그 고민은 금방 해결됐어요. 친구를 칭찬할 줄 아는 친구, 그 친구를 정말 칭찬해야겠구나 싶었죠."

"아아~."

아이들이 모두 하나같이 고개를 끄덕였다.

"건우는 어떤 특정한 아이만을 칭찬한 것이 아니라, 자기랑 짝이 된 모든 친구의 좋은 점을 찾아냈어요."

은미가 제일 먼저 박수를 치기 시작했다. 내 짝 한석이가 따라 치면서 반 아이들 모두 박수를 쳤다. 진심에서 우러나오는 박수였다.

아는 것이 적으면 사랑하는 것도 적다는 말이 떠올랐다. 나는 왜 건우의 저런 모습을 발견하지 못했을까. 내가 건우에 대해 제대로 알려고 하지 않았기 때문이란 생각이 들었다.

집에 오자마자 나는 원피스부터 벗었다. 속이 다 후련하다. 하루 종일 이 원피스 때문에 되는 일이 없었던 것 같다. 이 원피스만 아니어서도 건우한테 하마라고 소리치며 가방을 던지지 않았을 거다. 티셔츠랑 바지를 갈아입었더니 날아갈 것 같다.

거울 앞에 섰다.

아침에 원피스를 입은 나를 보고 옷이 날개라는 생각을 했다. 하지만 지금은 내 마음이 날개를 단 듯 가볍다.

여전히 내 얼굴은 길고, 얼굴은 붉다. 그래서 뭐 어떤가. 이제야 어떤 게 진짜 내 모습인지 알기 시작했는데.

나는 얼굴이 미운 아이가 아니라 맘이 더 미운 아이였다. 이 사실이 조금 부끄럽긴 하지만 슬프지도 않다. 왜냐하면, 비로소 오늘 내가 그 사실을 알았기 때문이다. 내 맘 그대로를 알고, 앞으로는 내 맘을 사랑하고 가꾸어 나갈 거다.

건우는 주먹다짐 하나 없이 나에게 한 방을 날렸다. 쉽게 말해서 당근 홍여진의 껍질을 조금 벗겨 줬다고 해야 할까.

"건우야, 고마워."

김임지 경남 밀양 출생. 경남대학교 졸업. 2011년 경남신문 신춘문예 동화 당선

당나라 해군을 박살내다

| 김태두

1

고구려 역사를 배우는 사회시간이다. 선생님은 느닷없이 칠판에 '연수영' 이라고 썼다. 그걸 본 촉새 한철이가 물었다.

"선생님! 우리 반 정수영의 성을 바꾸기로 했어요?"

그 말에 선생님은 대답도 없이 입가에 웃음만 띠운 채 다시 그 위에 '이순신' 을 썼다.

"아하! 이순신 장군 부인 이름이구나!"

한철이는 다시 아는 체하며 나섰다. 선생님은 이번에도 아무런 말없이 그 아래에 '연개소문' 이라고 썼다.

"엥! 연개소문은 왜 나오지?"

아이들은 한철이처럼 모두 궁금한 얼굴이 되었다. 이에 비로소 선생님은

"연수영은 연개소문의 여동생이다. 또한 바다의 침략군을 무찌른 여자 이순신이기도 하다. 오늘은 이 연수영에 대해 공부하겠다."

하시며 빔 프로젝트를 켰다. 스크린에 아리따운 그러나 범상치 않은 얼굴이 나타났다. 듣도 보도 못하던 연수영! 아이들은 처음으로 대하는 역사 인물을 배운다는 생각에 기대감과 호기심으로 가슴이 울렁거렸다.

2

고구려와 당나라와의 싸움!

이 전쟁을 고구려의 승리로 이끈 주인공은 고구려의 모든 군대를 총지휘했던 연개소문이다. 또한 안시성전투에서 30만 당군의 공격을 잘 막아낸 양만춘이기도 하다.

자, 그런데 당시 고구려 침략에 참여한 당 해군이 장산군도 일대에서 고구려의 해군에게 박살나지 않았더라면 사정은 달라졌을 것이다.

당시 고구려 해군을 이끌고 당나라 해군을 물리친 고구려의 장수는 과연 누굴까? 연수영이란 여성 장군이다.

3

때는 지금으로부터 1400여 년 전, 610년경 연수영은 고구려 연태조의 딸로 태어났다. 위로는 연개소문, 연정토 두 오빠, 아래로 연수진이란 동생이 있었다.

할아버지는 동부대인 연자유로 철을 다루는 솜씨가 뛰어나고, 활을 잘 다루었다. 이처럼 연씨 가문은 대대로 무장의 집안이었다. 따라서 연수영도 어릴 때부터 또래 아이들보다 몸이 튼튼하고 날쌨다.

"나도 오빠 따라갈 테야."

두 오빠 연개소문, 연정토와 같이 산으로 들로 쏘다니며 사내아이들 놀이에 어릴 때부터 취미가 있었다. 달리기, 힘겨루기, 자치기, 돌 던지기 등을 즐기며 다부지게 자랐다.

"자, 오너라! 상대방에 끝까지 눈길을 떼어서는 안 된다."

더 자란 후 아버지로부터 칼 쓰는 기술, 창 다루는 기술, 활 쏘는 기술들을 배웠다. 배우는 솜씨가 빠른 딸을 보고 아버지는 기꺼워하였다. 결코 오빠들 뒤지지 않는 연수영의 실력은 날로 달로 커 갔다.

4

오빠 연개소문이 혁명을 일으킨 것은 642년 9월이었다. 그는 성격이 곧고 날카로워 불의를 보고 참지 못하였다. 그가 장군이 되어 널리 이름이 알려지게 되자 그를 두려워하면서도 미워하는 무리들이 생겼다. 영류왕과 몇몇 대신들은 아예 그를 없앨 음모를 꾸몄다.

"나쁜 왕을 쫓아내고 새 왕을 세우겠다."

이것을 미리 알아낸 연개소문은 장안성 남쪽에 군사훈련을 실시한다며 대신들을 초청하여 모조리 없애버렸다.

연수영도 오빠가 일으킨 이 혁명에 자신이 기른 병사를 이끌고 참전했다. 그는 여성이었지만 당당한 몸과 뛰어난 무술 실력으로 혁혁한 공을 세우며 연개소문을 도와 혁명을 성공리에 끝내게 하였다.

5

"바다는 하늘이 내린 요새이니 이 바다를 누비는 장수가 되고 싶다."

연수영의 어릴 때부터의 꿈이다. 연개소문이 혁명을 일으켜 보장왕을 새 왕으로 내세우고, 스스로 대막리지가 되어 천하를 호령하게 되었다. 그러나 꿈을 이루기 위해 연수영은 중앙에 남아 있는 것보다 일선으로 가는 길을 택했다. 642년, 고구려의 군사상 중요한 곳인 석성의 도사로 부임하였다.

"이번 도사는 여자라면서?"

"아마 오빠의 입김으로 왔을 거야. 여자가 하면 얼마나 잘 하겠냐?"

"얼마 버티지 못하고 평양으로 도로 갈 거야."

장졸들의 비아냥거리는 소리를 귓바퀴로 흘리며 연수영은 당군의 침략에 대비하여 강력한 해군을 만들기에 바빴다. 앞날을 내다보는 지혜가 그녀에게 있었다.

연수영은 해군 5천 명을 더 모집하여 강한 군대로 훈련시켰으며, 70여 척의 전함도 새로 튼튼하게 만들었다. 실권자 연개소문의 누이동생이라는 곱지 않은 눈길에서 벗어나 문무에서 뛰어난 재주와 힘찬 통솔력으로 부하 장졸들의 믿음을 받게 되었다. 얼마 가지 않아 성을 지키는 으뜸 장수로 우뚝 섰다. 연수영은 나라를 연 이래로 처음 해군의 여성 장군이다.

6

"장군! 까마귀 떼처럼 당나라 배들이 몰려옵니다."

망보던 보초병의 고함 소리가 고요한 아침을 열었다. 645년에 마침내 당군이 고구려에 쳐들어왔다.

"모두 고구려 힘을 보여주자. 중군은 나를 따르라! 우군과 좌군은 양 옆으로 벌려 먼저 지쳐 나가라!"

전쟁이 일어나자 연수영은 앞장서서 용감하게 싸우는 한편 각 장졸들을 지휘하며 재빠르게 움직였다. 전함은 튼튼하고 빨랐다. 부딪히면 우지끈 뚝딱 부서지는 것은 당나라 배다.

"공을 세우는 천민은 자유의 몸으로 풀어 주겠다. 적군에게 빼앗은 것은 장졸들에게 다 나누어 주겠다."

노를 젓는 천민들의 팔뚝은 힘이 솟았다. 싸우는 장졸들의 용맹도 하늘을 찔러 고구려군은 싸움 시작부터 밀어붙였다. 두어 시간 버티던 당 해군이 견디지 못하고 뱃머리를 돌려 달아났다.

"알고 봤더니 당나라 해군은 겁쟁이구나. 모두 잡아라!"

연수영의 고함 소리가 너른 바다 위에 쩌렁쩌렁 울렸다. 도망가는 적을 쫓았다. 당군의 해군본부인 창려까지 진격하여 적선 1백여 척을 불태우고, 곧이어 성산의 적군을 쳐서 무찌르니 죽은 당군이 2만에 이르렀다.

"과연 내 동생 연수영이로다."

연개소문은 그 소식을 듣고 크게 기뻐하며 연수영을 석성도사에서 해군 군주 겸 모달로 승진시켰다. 그녀는 계속해서 군사를 거느리고 출전, 대흠도와 광록도 등지에서 각각 적선 50여 척을 불사르고 8천여 명의 적군을 사로잡았다. 아군은 연수영의 빼어난 전략 덕분에 피해가 거의 없었다.

잇달아 노백과 가시포에서도 적선 80여 척을 격침시키고 5천여 명의 당나라 군사를 박살내는 전공을 세워 해군 원수로 승진하고, 본진을 광록도 근처 노백성으로 옮겼다. 당시 고구려 해군과의 해전에서 당의 장군 설만철은 목숨만 겨우 건진 채 달아났다.

7

"아니, 이럴 수가! 고구려 여자장군에게 패하다니!"

당 해군의 연전연패에 불같이 화가 난 이세민은 설만철 · 구행엄 · 왕대도 등 이름난 해군 장수들에게 총공격령을 내렸다. 그들은 전열을 정비한 후 기세등등 가시포와 노백으로 일제히 쳐들어왔다.

"가까이 가라! 부딪혀 물속에 가라앉혀라."

앞서 당한 접근 전에 불리한 것을 안 당나라 해군은 이에 대비하여 배 난간에 날카로운 톱니 칼을 달아 무장하였다. 자신있게 고구려 전함을 보고 달려들었다.

"이번에는 유황화살 전법이다!"

그러나 적의 작전을 미리 알아챈 연수영은 당군이 미처 바닷가에 들어오기 전에 불화살을 비 오듯 쏘아댔다. 적의 배는 순식간에 불이 붙어 생지옥이 되었다. 당군은 이번에도 연수영의 고구려 해군에게 80여 척의 전함과 5천여 명의 군사를 잃고 물러났다.

"고구려 만세! 연수영 장군 만세!"

연수영은 약속대로 천민들을 자유의 몸으로 풀어주었으며 전리품을 모두 부하 장졸들에게 나누어주었다. 한편 이번보다 엄청난 숫자의 당나라군이 다시 쳐들어올 거라고 내다본 그녀는 작전을 짜느라 골몰하였다.

8

과연 당나라 해군은 두 달 후 다시 쳐들어왔다. 645년 8월 15일! 당군은 1천여 척의 전함에 10만의 전투 병력을 동원하여 총공격하였다.

"다른 배는 제쳐놓고 대장선을 공격하라!"

당군들은 앞서가는 대장선을 향해 벌떼처럼 몰려들었다. 적군의 어마어마한 기세에 놀란 고구려 대장선은 주춤 뒤로 물러서는 듯하다가 갑자기 속력을 내어 적진의 한가운데로 뚫고 나갔다.

"겁도 없는 연수영이군. 이제 독안에 든 쥐다."

당군들은 서로 공을 세우려고 앞다투어 쫓아왔다. 대장선은 대상산도 뒤로 돌아 달아났다. 물살이 센 곳이다. 그들은 이번에야말로 이겼다며 빠르게 몰려왔으나 미리 쳐 놓은 줄에 걸려 턱턱 넘어졌다. 물살이 빨라 손을 쓸 틈도 없이 총 군세의 절반인 수백 척의 전함과 5만여 명의 군사를 잃었다. 대상산도해전도 고구려군의 대승이었다.

연수영의 고구려 해군은 5분의 1에 불과한 2만 명 정도였다. 그 다음 달에 패전보고를 받은 태종은 탄식했다.

"적보다 다섯 배나 많은 군사로도 이기지 못했으니 장차 어찌하랴!"

역사에 길이 빛날 대장산도해전에서 적들은 완전히 기가 꺾였다.

9

한동안 잠잠하더니 그 침략의 욕심을 버리지 못하고 그 이듬해인 646년에는 더 많은 군사를 이끌고 꼭 연수영을 꺾겠다는 단단한 각오로 나왔다. 이 바다의 싸움은 연수영의 고구려 해군과 장량과 정명진이 이끄는 당의 해군이 온 힘을 다한 결코 물러설 수 없는 한판이었다. 싸움은 치열하여 4일간이나 계속되었다.

"위험에 놓인 우리 전선을 구하라!"

연수영의 대장선 활약은 눈부셨다. 포위당하여 어려움을 겪고 있는 고구려 배들을 여러 척 구해내었다. 이 싸움에서도 고구려 해군은 3백여 척의 적선을 불태우고 2만여 명의 적병을 물에 빠뜨리는 대승을 거두었다. 이 싸움이 봉래포대첩이다.

"하하하. 다시는 우리 바다를 넘보지 못하겠지."

연수영 장군은 발해만의 바다를 바라보고 통쾌한 웃음을 날렸다.

10

그러나 해가 바뀐 647년 7월, 이세민은 우진달을 청구도행군총관으로 삼아 산동성 내주에서 바다를 건너 공격토록 하고, 이세적을 요동도행군총관으로 삼아 육지로 침공토록 했다. 그러나 이들은 모두 연수영의 고구려 해군과 연개소문이 지휘하는 고구려 개마기사단의 맹렬한 반격에 아무 소득도 없이 물러갔다.

"연개소문은 천천이요, 연수영은 만만이로다."

고구려 백성들은 이번 전공을 연개소문보다 연수영을 더 높게 보았다. 그 소문이 연개소문 귀에 들어가자 낯빛이 변하며 기분이 좋지 않았다. 이런 기미를 알고, 허물을 만들어 둘째 오빠 연정토가 찾아왔다.

"연수영이 제멋대로 노예들의 신분을 해방시켜주었습니다. 그뿐 아니라 전리품을 나라에 바치지 않고 장졸들에게 나누어 주었습니다."

"아무리 전공을 세웠기로 나라 법을 어기다니! 방자하구나."

"또한 이번 싸움에서 연수영은 자기 공을 내세워 바다에서 적을 물리쳤기에 육지의 적군이 물러갔다 했습니다. 더 기막힌 것은 적장 우진달을 잡을 수 있는 걸 일부러 놓아주었습니다."

"뭐라고? 연수영을 잡아오라!"

648년 7월, 연정토 일당의 모함으로 연수영은 자리에서 쫓겨나 부여성으로 유배되었다.

11

해군 원수 자리를 차지한 연정토는 해군 총사령관이 되자마자 전공을 하루라도 빨리 세우려고 우쭐대며 그 해 9월에 당의 해군기지인 신성도 협량곡을 공격했다. 그러나 참패를 당하고 말았다.

“내가 잘못했다. 사사로운 마음으로 큰일을 그르치다니!”

연개소문은 뉘우치고 전쟁에 진 연정토를 파면하여 옥에 가두고, 그와 어울려 다니던 못된 자들도 벌을 내렸다.

그 대신 억울하게 귀양살이하던 연수영을 다시 불러서 해군 원수로 임명했다.

“우리 연수영 장군 만만세!”

새로 부임하는 연수영을 마중 나온 백성들이 길거리에 줄을 서서 덩실덩실 어깨춤을 추었다.

“와와! 장군이 오신다.”

장졸들도 눈물을 흘리면서 좋아했다. 갈매기들도 너울너울 날아다니며 다시 나타난 연수영 장군을 반겼다.

12

선생님은 불을 끄고 아이들을 바라보았다.

“자, 이야기는 여기서 끝났다. 어디 본 소감을 들어볼까?”

뿌듯한 마음으로 앉아 있던 아이들은 나름대로 대답했다.

“고구려 여자 이순신이란 말이 맞아요. 참 용감한 장군이네요.”

"우리나라에 그런 여성 장군이 있었다는 게 자랑이어요."

"참 대단해요. 당나라 해군과의 싸움에서 모두 이겼잖아요."

모두들 신이 나서 떠들어댔다. 마치는 신호가 울렸지만 아이들은 연수영에 대한 이야기로 일어설 줄을 몰랐다. 가슴에 빛난 별을 하나씩 품고서.

김태두 경남 남해 태생. 1989년 《경남신문》 신춘문예 동화 당선, 1998년 MBC장편동화 공모 입선. 경남아동문학회 회장 역임. 경남아동문학상, 한국동화문학상 수상. 동화집 《세상에서 제일 큰 어항》 외 다수

할아버지와 동전 한 닢

| 김현우

얼마 전에 일어난 일입니다.

허리가 아파 병원에 다녀오던 동이 할아버지가 길가에서 '빤짝!' 하고 빛나는 것이 눈에 뜨였어요. 무심코 뭔가 바라보니 5백 원짜리 동전 한 닢이었습니다.

"어? 저기 돈이 떨어졌군."

혼자서 중얼거리며,

"저걸 떨어뜨린 임자가 곧 나타나 주워가겠지."

하고 지나가려다 잠간 걸음을 멈추고 지켜보았지요. 그런데 주인이 나타나지 않았어요.

사람들은 500원짜리 동전이 길바닥에 떨어져 있거나 말거나 통 관심이 없는 듯했어요. 그냥 바쁘게 걸어가거나 아예 발밑을 내려다보지 않았어요.

동이 할아버지는 정말 주인이 없는 동전이다 싶어 그것을 주웠어요. 할아버지는 동전을 이리저리 살펴보고 먼지를 닦아 외투 호주머니에 넣으면서 생각했지요.

—5백 원짜리 한 닢으로 무얼 살 수 있을까? 빨갛고 매운 떡볶이 한 개 사서 동이에게 가져다줄까? 아니야! 어묵 한 꼬지 살 수 있을까? 아니면 사탕이나 과자를 사자면 5백 원짜리 한 닢을 더 보내야 할 걸?

하고 할아버지는 즐거운 궁리를 했어요.

5백 원 동전 하나로 무엇을 할 수 있을까? 무엇을 살 수 있을까?

—아하! 며칠 전 역 광장에 갔더니 구세군 자선냄비 종소리가 들렸지? 요걸 거기다 갖다 넣을까?

그러다 문득 얼마 전에 동이에게 한 말이 생각났습니다.

"동이야! 길에서 돈이나 물건을 주우면 어떡할래?"

"어쩌기는! 그냥 맛좋은 것 사 먹으면 그만이죠. 뭐."

"아냐! 주인을 찾아 줘야지. 잃은 물건이나 돈을 슬쩍하면 그건 도둑이지."

"누가 흘렸는지 잃어버렸는지 모르는데 어떻게 주인을 찾아 줘요?"

"그야 파출소 경찰 아저씨에게 가져가 신고해야지."

"친구들은 돈을 주우면 재수가 참 좋구나! 하고 마음대로 써도 된다 그러던데요?"

"아니야! 경찰서에 가져다주는 게 맞아!"

돈을 길에서 주우면 꼭 경찰에게 가져가 주인을 찾게 해 줘야 한다고 손자에게 말했었지요.

그런 할아버지가 주운 돈으로 무엇을 살까? 어떻게 쓸까? 하고 궁리하다니!

할아버지는 동전을 줍는 것을 아무도 보지 않았고 들키지 않았지만 그만 부끄러워졌어요. 만 원짜리 지폐 같은 큰돈이거나 값비싼 물건이 아니었지만 동이에게 군것질할 떡볶이를 사다 주겠다니! 할아버지는 스스로 혀를 찼지요.

할아버지는 지하철 입구에 엎드려 있을 거지를 생각했어요. 거지가 이 근처에 있다면 달려가서 동냥 그릇에 던져 넣으면 될 듯했습니다. 그런데 구걸하는 사람이 보이지 않았어요.

—그래. 겨우 단돈 500원짜리 한 닢이지만 파출소가 가까우니 거기로 가져가 신고하자. 경찰이 알아서 처리하겠지.

파출소가 바로 저쪽 골목 모퉁이에 있었거든요.

사실 5백 원짜리 동전 하나를 달랑 들고 파출소를 찾아가자니 조금 싱거운 일이다 싶었지요. 그렇지만 손자 동이에게 부끄러운 마음이 들지 않으려면 비록 작은 동전 하나이지만 신고해야 될 듯했어요.

파출소로 가는 모퉁이를 돌아 걸어가는데 호주머니 속에서 부스럭부스럭 소리가 났어요. 뭔가 부풀어 오르는 느낌이 들면서 차차 무거워졌어요. 아니 바람이 불어와 호주머니 속으로 들어가서 불룩하게 만드는 듯했어요. 정말 무언가 들어차서 아까

보다 무거워진 걸 느꼈어요. 할아버지는 이상한 생각이 들어 외투 호주머니에 손을 넣어 봤어요.

—이거! 웬일이야?

호주머니에 손을 넣었던 할아버지는 이상한 느낌이 손에 잡히자 고개를 갸우뚱했지요. 호주머니 속에는 달랑 500원 동전 한 닢이 있어야 될 텐데 이상하게도 동전 여러 개가 있는 듯했습니다.

—이상하네? 내 호주머니에 동전이 여러 개가 들어 있었나?

손으로 호주머니 안을 주물럭주물럭 뒤졌더니 동전이 아주 많이 잡히지 않겠어요? 묵직했어요.

—내게 동전이 이렇게 많이 있을 리가 없는데?

할아버지는 하도 이상해서 손에 잡히는 동전 하나를 꺼내 보았어요. 그러고는 또 깜짝 놀랐습니다. 손에 들린 것이 노랗게 빤짝거리는 게 아닙니까? 5백 원짜리는 하얀 색인데 말예요.

—이, 이거 뭐야? 금이 아니야? 분명히 5백 원짜리는 하얀 것인데? 왜 노란 금화가 들었을까?

할아버지는 화들짝 놀라서 호주머니 속의 동전을 여러 개 꺼내보았지요. 신기하게도 모두 노랗게 빛나는 금으로 만든 돈이었지요.

—정말 파출소로 가야겠다.

할아버지는 걸음을 빨리해서 파출소 문을 밀고 들어섰지요.

"어서 오세요. 어르신. 뭘 도와 드릴까요?"

경찰 아저씨가 친절하게 맞았어요.

"다름이 아니라 금방 저기 앞길에서 500원짜리 동전 하나를 주웠거든요. 그런데……."

"아하! 어르신. 동전 하나 주워서 가져왔어요? 그런 것은 그냥 가지고 계시다가 불쌍한 사람 만나면 동냥 통에 던져 넣으실 것이지. 하하하."

"아, 글쎄. 나도 그렇게 생각했는데…… 이상한 일이 생겼지 뭐요? 그래서 온 거라오."

"이상한 일이라뇨? 5백 원짜리 동전 주인이라도 나타나셨어요?"

"그게 아니라…… 5백 원짜리가 이렇게 변해 버렸단 말이요."

할아버지는 호주머니에서 금화로 변한 5백 원짜리 동전을 꺼내 보였습니다. 경찰 아저씨는 할아버지가 펼쳐 보이는 손바닥을 내려 보다가 "하하하!" 하고 크게 웃었어요.

"하, 할아버지! 이게 은행잎 아닙니까? 노랗게 물든 은행잎을 가지고……. 장난하시는 겁니까? 길가 가로수에 달렸던 은행잎이군요."

크게 웃으며 하는 말에 소스라치게 놀란 할아버지는 손바닥을 내려다보았어요.

"어? 이게 어떻게 된 일이야? 분명히 금화였는데?"

"아이고! 할아버지 장난치시지 마시고 돌아가세요. 뒤에 또 5백 원짜리 동전을 주우시거든 동냥이나 하세요."

할아버지는 기가 막혀 외투 호주머니에 든 다른 금화를 몇 개 꺼냈어요. 그런데 꺼내서 경찰아저씨에게 보이자마자 금화는

온데간데없고 모두 은행잎으로 변해버리는 거예요.

— 허어! 이런 낭패가 있나!

할아버지는 경찰 아저씨에게 더 말도 못하고 되돌아 파출소를 나오고 말았어요. 밖으로 나와서 호주머니에 손을 넣어보니 은행잎이 아니라 금화가 손에 잡히는 거 아녜요? 꺼내보니 확실하게 금화였어요.

— 허어! 내가 치매에 걸렸나?

할아버지는 집으로 돌아가면서 몇 번이나 금화를 호주머니에서 꺼냈다 넣었다 했어요. 틀림없이 은행잎이 아니라 금화였어요.

— 당장 집에 가서 돼지 저금통을 털어서 자선냄비에 갖다 넣어야겠다. 금화와 함께. 설마 거기서는 금화가 은행잎으로 바뀌지 않겠지.

할아버지는 현관에 들어서며 동이를 불렀어요.

"동이야! 할아버지하고 역 광장에 가자! 먼저 할아버지 방에 가서 돼지 저금통 꺼내 오너라."

"돼지 저금통은 왜요?"

"오늘 그걸 깨서 자선냄비에 넣자."

"어. 할아버지. 전에 그걸 우리 용돈으로 나중에 주시겠다고 하셨잖아요?"

"용돈은 따로 주마. 이번에는 불우이웃돕기를 해 보자꾸나. 그 안에 든 동전을 담을 비닐봉지 함께 가져오너라."

동이도 신이 났어요. 할아버지와 함께 역 광장으로 나가 '딸랑딸랑!' 종소리가 나는 자선냄비 앞에 가서 돈을 넣을 것을 생각하니 말예요. 할아버지는 돼지 저금통 밑구멍을 열어 신문지 위에 동전을 '주르륵!' 부었어요. 500원, 100원. 50원, 10원짜리 동전이 아주 많이 쏟아졌어요. 동전만 있는 게 아니라 천 원짜리 종이돈도 여러 장 있었어요.

할아버지는 외투 호주머니에서 뭔가 꺼내서 저금통의 돈 위에 놓았어요. 동이가 보니 노랗게 빛나는 돈이 여러 개였어요.

"할아버지! 이게 뭐예요? 무슨 돈이 노랗죠?"

"이건 금으로 만든 거란다."

"그럼, 금화네요. 예전 해적들이 탐을 내던 거 말예요. 보물상자 안에 가득 들었던……. 그런데 할아버지는 어디서 이런 것 생겼어요?"

"설명하자면 너도 이해 못할 거다. 우리 이걸 저금통 동전과 섞어서 자선냄비에 넣자꾸나."

"야아! 신나요. 나중에 자선냄비를 열어보고 금화를 발견하면 사람들이 놀랄 거예요."

"안, 그렇고 말고!"

동이와 할아버지는 비닐봉지에 동전과 금화를 뒤섞어서 담았습니다.

그리고는 역 광장으로 나갔어요. "딸랑딸랑!" 군복을 입고 멋진 모자를 쓴 아저씨가 종을 흔들고 있었어요.

"동이 네가 자선냄비에 돈을 넣으렴."

"예!"

동이는 신이 나서 동전과 금화가 든 비닐봉지를 자선냄비 구멍에다 쏟아 부었어요.

"감사합니다."

종을 흔들고 있던 아저씨가 웃는 얼굴로 인사를 했어요. 동이와 할아버지도,

"추운 날 수고 많습니다."

하고 함께 고개를 숙였어요.

할아버지는 돌아서서 오며 노란 금화들이 은행잎으로 바뀌지 않고 좋은 일에 쓰이기를 간절히 기도했습니다.

김현우 경남 창녕 출생. 1964년 《학원》 장편소년소설 당선. 동화집 《산메아리》 《도깨비동물원》 외, 장편소설 《하늘에 기를 올려라》 외 다수

눈사람 삼형제의 엄마 찾기

| 도희주

햇살 따뜻한 언덕에 꼬마 눈사람 삼형제가 서 있어요. 도토리 눈, 솔방울 코, 솔가지 입이 오목조목 닮았어요.

지나가던 까마귀가 삼형제의 도토리 눈을 보고는 침을 꼴깍 삼킵니다. 삼형제는 태연한 척하지만 기웃거리는 까마귀가 두렵습니다. 하지만 까마귀도 눈사람 삼형제가 두려운지 괜히 눈밭에 발자국을 찍으며 멈칫거립니다.

"맛이 없을 거야."

까마귀가 중얼거리며 후르르 날아가 버리자 안도의 숨을 똑같이 내쉽니다.

"형, 저 까마귀 우리가 무서운가 봐."

"우린 셋이잖아."

그때, 겁 없는 참새 한 마리가 날아와 첫 번째 눈사람 머리 위에 앉아 재잘댑니다.

"짹짹 발 시려, 넌 머리가 왜 이렇게 차니 짹."

"눈사람이니까."

첫째인 일눈이가 말했어요.

"짹, 따뜻하게 보이는데 발만 시리다 짹짹."

"그럼 가!"

"안 그래도 갈 거야. 엄마 찾으러 가야 돼, 짹."

참새가 포르르 날아 가버렸어요.

한참 있다가 막내인 삼눈이가 말했어요.

"우리 엄마는 어디 있지?"

그러자 이눈이가 그랬어요.

"우리도 엄마 찾으러 가보자."

"어디로?"

"참새 날아간 쪽으로."

모두가 똑같이 소리쳤어요.

"가자, 가자!"

그리고 약속이나 한 듯 참새가 날아간 마을 쪽으로 뒤뚱거리며 걷기 시작했어요.

뒤뚱뒤뚱, 뒤뚱뒤뚱, 뒤뚱뒤뚱.

그림자 셋도 뒤뚱거리며 따라갑니다. 그런데 마을로 가는 길이 쉽지 않았어요. 얼음이 녹아 물이 졸졸졸 흐르는 개울 앞에 다다랐어요. 일눈이가 먼저 징검다리를 보기 좋게 건넙니다. 그러자 이눈이도 무사히 건넜어요. 삼눈이가 자꾸 머뭇거립니다.

"형아들 봤지. 괜찮아."

삼눈이가 고개를 끄덕이고는 발을 내디뎠어요. 그런데 징검다리에서 그만 미끄러져 개울에 빠지고 맙니다.

일눈이 이눈이가 다급하게 소리쳤어요.

"위험해, 빨리 올라서!"

겨우 징검다리에 올라와 개울을 건넜어요. 하지만 한 쪽 발이 물에 닿아 조금 녹았어요.

셋은 다시 길을 떠납니다.

뒤뚱 뒤뚱 절뚝, 뒤뚱 뒤뚱 절뚝, 걷는 모양이 아까와 달라졌어요. 일눈이와 이눈이가 걱정스럽게 뒤돌아보며 삼눈이를 살핍니다.

작은 마을 입구에 들어섰습니다. 골목에서 갑자기 강아지 한 마리가 달려 나왔어요.

일눈이가 형답게 앞을 막으며 소리칩니다.

"저리 가, 내 동생들 건들지 마!"

그런데 강아지는 이눈이와 삼눈이는 거들떠보지도 않고 일눈이 볼을 쓱싹쓱싹 핥습니다. 도토리 눈 하나가 툭 떨어졌어요. 떨어진 도토리 눈 하나를 물고는 골목으로 달아났어요.

한쪽 눈이 보이지 않는 일눈이가 비틀거립니다.

"형, 내 손을 잡아."

이눈이가 형의 손을 잡아줍니다. 그리고 셋은 다시 길을 떠났어요.

비틀비틀 뒤뚱 절뚝, 비틀비틀 뒤뚱 절뚝, 걷는 모습이 또 달라졌어요.

마을과 마을 사이에 논이 펼쳐져 있어요. 지난가을 추수가 끝난 논은 그냥 허허벌판입니다.

"우리 조금 쉬었다 갈까?"

셋은 잠시 섰어요. 이눈이가 말합니다.

"우리 이제 어디로 가지?"

"난 눈이 잘 안 보여 모르겠어."

"난 다리가 힘들어 안 갔으면 좋겠다."

"저기 허수아비 아저씨한테 물어보자."

벌판엔 허수아비 아저씨 혼자 찢어진 옷을 바람에 날리며 서 있어요. 셋은 허수아비에게 다가갑니다.

"아저씨, 아저씨, 추운데 여기서 뭐 하세요?"

"지나가는 새들, 오가는 들쥐들 길 가르쳐 주려고 서 있다."

"와, 그럼 잘 됐네요. 우린 엄마 찾으러 가는데 어디로 가면 될까요?"

"쯧쯧, 불쌍한 것들. 나도 오랫동안 부모님을 찾으러 떠돌아다녔지만 찾지 못했지. 너희나 나나 엄마는 없단다. 그냥 원래 있던 곳으로 가."

삼눈이가 투덜댑니다.

"형, 아저씨 말씀대로 여기서 그냥 돌아가자."

"난 아저씨 말 안 믿어. 우리 엄마는 분명 어딘가 계실 거야."

이눈이가 삼눈이를 다독입니다.

그때 건넛마을에서 짹짹거리는 참새 소리가 들려옵니다. 이눈이가 소리쳤어요.

"저쪽이야, 저쪽으로 가자!"

논을 가로지르는데 바람도 가로질러 불어옵니다. 누가 고구마를 구워먹었는지, 덜 꺼진 불씨에서 연기가 나고 있어요.

"추운데 잘 됐다. 불 좀 쬐고 가자."

셋이 불씨 가까이 갑니다. 그런데 불씨 하나가 휙 하고 바람에 날아와 이눈이 옆구리에 붙고 말았어요.

"앗 뜨거!"

얼른 털어내고 보니 옆구리에 구멍이 뻥 뚫렸지 뭐예요.

셋은 다시 걸어갑니다. 비틀비틀 휘청 절뚝, 비틀비틀 휘청 절뚝, 걷는 모습이 다시 달라졌네요.

마을에 들어섭니다. 차가 쌩 하고 지나가면서 흙탕물을 눈사람 삼형제에게 끼얹었습니다. 셋은 몸 군데군데 시커먼 얼룩이 지고 말았어요.

"내 눈!"

흙탕물에 얼굴이 녹으며 일눈이 도토리 눈 하나마저 땅에 떨어졌어요. 이눈이가 주우려는데 아까 언덕에서 봤던 까마귀가 잽싸게 날아와서 냉큼 물고 가버립니다.

이눈이가 소리쳤어요.

"우리 형 눈 이리 줘!"

그러나 까마귀는 히죽거리며 날아갑니다.

"까옥 까르륵, 잘 먹을게."

"저 나쁜 놈!"

셋은 그러나 힘을 내어 다시 걸어갑니다.

더듬더듬 휘청 절뚝, 더듬더듬 휘청 절뚝, 걷는 모습이 자꾸 달라지고 있어요.

눈사람 삼형제 몸은 뒤집어쓴 흙탕물이 스며들어 녹고 있어요. 이눈이는 솔방울 코가 사라졌고 삼눈이는 한쪽 도토리 눈이 없어졌지 뭐예요. 코가 없어진 이눈이가 많이 갑갑한 모양입니다.

"아, 숨 막혀."

커다란 대문이 있는 집 담벼락에 셋이 기대섰어요. 서산으로 기우는 햇살이 제법 따뜻한 곳입니다. 하지만 따뜻하면 눈사람은 녹고 말아요.

"너무 힘들어."

삼눈이가 울먹입니다. 삼눈이 어깨가 햇살에 녹아 갑니다.

"엄마는 어디에 계실까."

이눈이 어깨는 이미 반쯤 녹았어요.

"졸려, 이대로 잤으면 좋겠다."

일눈이는 이미 머리가 반쯤 녹았어요. 셋은 점점 눈꺼풀이 무거워지며 꾸벅꾸벅 졸기도 합니다. 바람이 졸음을 부채질합니다.

지나가던 아이들이 눈사람 형제를 보고 놀랐어요.

"야, 눈사람이다."

"근데 너무 더러워."

"우웩, 더러운데다가 다 부서졌어."

심지어 어떤 애는 다가와 일눈이 머리를 발로 차 버렸어요. 반쯤 녹은 일눈이 머리가 아주 망가져서 알아볼 수 없게 되고 말았어요. 일눈이가 정신을 잃고 쓰러집니다.

이눈이와 삼눈이가 울음을 터뜨렸어요.

"형아!"

"형아가…. 형아가…. 으앙!"

까마귀가 하늘에서 빙빙 돌며 남은 도토리 눈을 노리고 내려다보네요. 해가 지고 어둠이 옵니다. 이눈이와 삼눈이는 정신을 잃고 쓰러진 형을 부둥켜안은 채 울고 또 웁니다.

"형아, 정신 차려! 허엉엉."

"엄마 어디 계세요. 제발 우리 좀 도와주세요. 엉엉."

울던 목소리가 밤이 깊어갈수록 작아지고 있어요. 추운데다 점점 지쳐갑니다. 가물가물 잠이 몰려오더니 진짜 잠이 들었어요.

잠든 눈사람 삼형제 위로 소복소복 눈이 내리기 시작하네요. 어둠 사이로 온천지에 펄펄 눈이 오고 있어요.

새벽하늘이 점점 밝아오자 구름들은 서쪽으로 모두 몰려갔습니다. 새벽별 하나가 동쪽에서 반짝이며 어린 눈사람 형제들을 내려다보고 있어요. 그 모습이 마치 '애들아 힘내!' 그렇게 말하고 있는 것 같았습니다.

아침 해가 활짝 떴습니다.

세상이 온통 새하얗습니다. 지붕에도 나뭇가지에도 담 위에도 눈이 소복이 쌓였어요. 길에는 아직 발자국도 없습니다.

대문이 열리고 빗자루를 든 소녀가 나왔어요.

"라라라, 눈을 치워야지. 우리 집 앞 눈은 내가 치워야지."

그러다가 눈에 반쯤 묻힌 눈사람 삼형제를 발견합니다.

"어머, 가엾어라."

소녀는 담벼락에 기댄 채 반쯤 녹은 꼬마 눈사람을 가슴 아픈 듯 내려다봅니다. 웅크리고 앉더니 하나씩 안고 마당으로 들어갑니다.

마당에는 아주 큰 눈사람이 서 있어요. 큰 눈사람 곁에 눈사람 삼형제를 나란히 세웁니다. 큰 눈사람은 삼형제를 걱정스레 보았어요. 소녀는 마당의 눈을 모아 눈사람 삼형제를 정성껏 치료해줍니다.

미술시간에 쓰고 남은 인형 눈알을 붙이고, 수수깡으로 코도 만들고, 색종이로 입도 예쁘게 오려 붙였어요. 그리고 소녀가 썼던 모자도 하나씩 씌웠어요. 어제보다 훨씬 멋진 모습이 되었습니다.

감나무 가지에서 참새가 지저귑니다.

"일어나! 게으름뱅이들아 아침이다, 짹짹."

그러다가 포르르 날아 내려옵니다.

"짹, 모자 위에 앉아 볼까. 우와 따뜻하다, 짹짹"

셋은 똑같이 눈을 떴어요. 어느새 몸이 깨끗해지고 의젓해진 자신들을 보다가 옆에 있는 큰 눈사람을 보았어요. 그리고 입을 모아 소리쳤어요.

"엄마다!"
"우리 엄마다!"
"진짜 엄마를 찾았어!"

셋은 엄마 눈사람에게 왈칵 안겼어요. 엄마 눈사람이 셋을 포근하게 안아주네요. 아침 햇살에 세상이 더 환해집니다.

감나무가지 맨 꼭대기에서 까치가 떨어뜨린 홍시 한 점이 삼눈이 볼에 떨어집니다. 삼눈이 얼굴이 발갛게 달아올랐어요.

도희주 남제문학 작가상 수상. 창원문협, 경남문협 회원

신들의 전쟁

| 양정화

시원한 바람이 솔솔 부는 서천꽃밭에서 예쁜 꽃들을 구경하고 있던 생쥐는 문득 아주 오래 보다 전에 살았던 마을이 생각났다. 천년만년보다 훨씬 오래전의 일이었다. 하지만 며칠 전이었던 일처럼 그곳에서 살던 생각이 선명하게 떠올랐다.

"정말 재미있는 일이 많았었지."

떠오르는 일은 하나같이 즐거웠고, 많은 사람들이 그리워졌다.

바쁜 일 없이 너무 오랫동안 빈둥빈둥 놀고 있는 생쥐는 요즘 들어서 부쩍 심심해서 견딜 수가 없었다. 다른 신들은 뭐가 그리 바쁜지, 다가가려면 이름을 부르기도 전에 사라져버리고 없었다.

할 일이 많이 줄어들어서 취미생활까지 한다던 저승차사들도 요즘은 옷자락을 휘날리며 바쁘게 돌아다니고 있었다. 생쥐는 혼자만 심심한 것 같아 한숨을 쉬며 투덜거렸다.

그때였다. 서천꽃밭 나무에서 살고 있는 금벌레 한 마리가 생쥐 머리 위로 뚝 떨어졌다.

"너는 왜 자라지 못하고 평생 벌레로 꾸물꾸물 기어 다니느냐?"

생쥐는 머리 위에서 버둥거리고 있는 금벌레를 집어서 나뭇가지 위에 올려주었다. 금벌레는 고맙다는 인사라고 하는 듯이 꾸물꾸물거리다가 나무그늘 속으로 들어 가버렸다.

"그렇지. 바로 그거야. 세상 하나를 새로 만들면 되지."

갑자기 떠오른 기막힌 생각에 마음이 들뜨기 시작했다. 오래전 세상에서 하지 못했던 일까지도 해볼 수 있다는 생각이 들자 한시도 참을 수가 없었다.

"미륵! 미륵! 석가! 석가!"

생쥐는 천지왕궁 문을 들어서자마자 소리쳤다. 왕궁이 들썩거릴 정도로 크게 소리쳤지만 미륵과 석가는 자신들의 연구실에서 나오지 않았다. 둘은 지난 세상을 창조할 때에 생겼던 일로 아직도 화해하지 않고 있었다. 미륵은 자신이 힘들게 만들어 놓은 세싱을 교묘하게 속임수까지 써서 뺏어간 석가를 비열한 신이라 했다. 하지만 석가는 내기에서 신에게 세상을 양보해 놓고서는 자신이 졌다고 극악무도한 저주를 걸어서 사람들을 곤경에 빠트렸다며 미륵을 옹졸한 신이라고 비난했다. 둘은 천상의 신들의 세계에서도 유명한 앙숙이었다.

"미륵, 나하고 새 세상을 만들지 않을래?"

지금까지의 세상에는 없는 완전히 새로운 식물을 만들기 위해 연구하고 있던 미륵은 생쥐의 말에 귀가 번쩍 뜨였다.

"새로운 세상이라고? 그것 좋지."

미륵은 기다리던 소식이라도 들은 듯이 좋아했다. 석가도 새로운 세상이라는 말에 하던 일을 멈추고 생쥐를 따라왔다. 하지만 미륵과 석가는 마주치는 순간부터 싸움이라도 벌일 것처럼 아주 무서운 눈으로 서로 노려보았다.

"벌써부터 그렇게 싸울 테야?"

생쥐는 둘을 타이르며 새로운 세상에 대한 자신의 계획을 말한다. 생쥐가 내놓은 계획은 미륵과 석가의 마음에도 쏙 들었다.

생쥐와 미륵, 석가는 서천꽃밭의 꽃이 새로 피고 지는 것도 모르고 세상을 만드는 일로 신나게 이야기를 나누었다. 하늘과 땅을 분리하고, 따뜻함과 차가움으로 나눈 뒤 나무와 뛰어다니는 동물과 날아다니는 새, 그리고 수많은 생명들이 살 수 있도록 조화를 준 다음에 사람을 탄생시키는 것까지는 모두 동의했다. 미륵과 석가가 여러 가지 기발한 생각을 꺼내자 일이 슬슬 풀려나가는 것 같아 생쥐는 기분이 들떴다.

"신이 세상을 좀 더 자주 다닐 수 있도록 노각성자부줄로 하늘 길을 곳곳에 만들어두고, 신과 인간이 함께 재미있게 살 수 있는 길을 만들고 싶어."

생쥐가 먼저 새로운 아이디어를 꺼냈다.

"그거 좋은 생각인걸. 사람들에게 자유의지를 더욱 크게 주고, 동물들에게도 최초의 동물을 수호신으로 했으면 좋겠어."

미륵이 손뼉을 치며 환호했다.

"사람들의 운명을 완전히 정해 둔 세상을 만들어보는 것도 좋을 것 같아. 다양한 운명을 만들고, 변할 수 있는 부분까지 고려하면 되는 거잖아. 사람들은 절대로 눈치 채지 못할 거야. 우리 뜻대로 움직이는 세상을 만드는 것도 좋을 것 같아."

석가도 의견을 내놓았다.

"사람의 운명을 결정해버린다고? 그러면 사람들이 열심히 살아가야 할 이유가 없잖아?"

미륵이 바로 반박했다.

"그러니까 사람들이 절대로 알지 못하도록 한다는 거지. 정해진 대로 살면 편하잖아."

"그건 절대 반대야. 신이라고 해서 인간 세상을 마음대로 다룰 수는 없어. 엉망이 되어버린 지난 세상을 바로잡을 수 있도록 해야 하는데, 새로 만들 세상까지 우리 마음대로 정해버리자고?"

미륵과 석가는 조금도 물러서지 않고 자신의 의견을 고집했다. 그러다보니 계속 비슷한 이야기만 나올 뿐 좀처럼 결과를 낼 수가 없었다.

"이렇게 고집을 피울 게 아니라 서로 조금씩 양보해봐."

생쥐가 둘의 손을 맞잡아주며 더욱 가까이 다가가게 했다.

"이번은 양보 못 해. 지난 세상도 내가 엄청나게 고생해서 만들었는데, 석가가 속임수를 써서 가로챈 거잖아. 내가 생각한 세상이 가장 좋은 세상이야.”

미륵이 손을 뿌리치며 외쳤다.

“누가 할 소리? 잘 다스리고 있는 세상에 저주를 퍼부어 엉망으로 만든 게 누군데 또다시 헛소리를 해대는 거야?”

석가도 지지 않고 소리치며 미륵을 노려보았다. 한 치도 물러서지 않는 미륵과 석가를 보면서 생쥐는 고개를 설레설레 저었다.

“네가 그렇게 세상을 잘 다스린다고? 그렇다면 생쥐의 도움으로 찾아냈던 물과 불을 네가 다스려 봐.”

미륵이 갑자기 예전에 열었던 세상을 향해 큰 힘을 던졌다. 그러자 파랗던 하늘에 먹구름이 몰려들어 엄청난 비를 퍼붓기 시작했고, 세상은 홍수에 휘말렸다. 하지만 홍수가 일어난 반대쪽 땅에서는 비가 내리지 않아 모든 물과 나무가 말라죽어버렸다.

“그만해. 네가 금벌레와 은벌레를 정성껏 키워서 만든 사람들까지 다 죽겠어.”

석가가 미륵을 막으려고 했다. 하지만 미륵은 석가를 뿌리쳤다.

“네가 세상을 차지했으면 지금도 사람들을 잘 다스려야 할 것 아냐?”

미륵은 석가를 나무랐다.

“이젠 그 세상 사람들한테는 관심 없어. 내가 아무리 잘해줘도 사람들은 네가 오기만을 기다린다고. 네가 내린 저주 때문에 전쟁에서 죽고, 병 걸려서 죽고, 먹지 못해서 죽었어. 그런데도 사람들은 나를 탓하고 네가 다시 찾아와서 행복하고 평화로운 세상을 만들어 줄 것이라고 했어. 그게 말이나 돼? 난 억울하다고."

석가는 이를 악물고 소리쳤다. 그리고 힘을 끌어올리더니 그 힘을 세상을 향해 던졌다. 그러자 땅이 흔들리고 바닷물이 땅을 향해 세차게 몰아쳤다. 그 바람에 땅속 깊은 곳에 있던 뜨거운 열기와 용암이 땅 밖으로 치솟으며 불길을 일으켰다.

"그만해. 제발 그만하라고."

생쥐는 미륵과 석가를 말리려고 했지만 소용없었다. 말리려고 할수록 거센 힘을 세상으로 던졌다.

"이런. 새로운 세상을 만드는 것이 아니라 신들의 전쟁을 만들었군."

미륵과 석가의 싸움을 지켜보던 생쥐는 천지왕궁을 나와 서천꽃밭으로 갔다. 시원한 나무그늘에 누워 미륵이 말하는 세상과 석가가 말하는 세상을 떠올려 보았다.

"어느 세상이 더 좋을지 난 모르겠어. 난 그저 재미있게 살 수 있는 세상을 만들고 싶었던 것뿐인데."

생쥐는 답답했다. 미륵과 석가가 함께 아주 즐겁고 편하게 세상을 만들 수 있을 것 같았다. 하지만 세상을 창조할 수 있는 능력을 가진 두 신이 이렇게 싸움을 하고 있으니 난감하고 괴로웠다.

"차라리 혼자 세상을 만드는 것이 좋을지도 몰라."

생쥐가 자기도 모르게 중얼거렸다.

그때였다. 나뭇가지 위로 올려주었던 금벌레가 또 생쥐의 머리 위로 떨어졌다. 생쥐가 금벌레를 들어 올리자 꿈틀꿈틀 버둥거리며 발버둥을 쳤다. 평소에는 절대로 움직이지 않아서 살아있는지 궁금할 정도인 금벌레가 생쥐 손에서 꿈틀거리고 있었다.

"그래! 내가 만들면 되지. 이 금벌레와 내가 새로운 세상을 만들면 되지."

생쥐는 금벌레를 머리에 올리고 왕궁으로 갔다. 멀리서 미륵과 석가는 아직도 싸움을 하고 있었다. 하지만 생쥐는 그들을 내버려둔 채 천지왕에게 달려갔다.

양정화 경남 진영 출생. 2006년 《아동문학평론》으로 등단

얘들아 놀자

| 유행두

숲속 친구들은 놀이터에서 노는 걸 무척 좋아했어요.
야~ 신나는 그네다!
기분이 흔들흔들
야~ 재미있는 시소타기!
나 한 번 올라갔다 친구 한 번 내려갔다
야호, 즐거운 뺑뺑이돌기!
뱅글뱅글 뱅그르르
해님이 지쳤다고 산꼭대기로 도망가요.
"어흥어흥, 이제 그만!"
호랑이가 입을 벌려도 소용없었어요.
"싫어싫어, 더 놀래 캐갱." 여우
"싫어싫어, 더 탈래 삐약." 병아리
"싫어싫어, 더 돌래 뻐꾹." 뻐꾸기

"싫어싫어, 더 뛸래 깡총." 토끼
이랬던 친구들이.

이제는 놀이터에 오지 않아요.

미끄럼 타려고 줄을 섰던 여우가 보이지 않아요. 호랑이만 나타나면 태워 달라고 조르던 토끼도 없어요. 어두워져도 집에 안 들어가려고 떼를 쓰던 올빼미도 없어요……, 없어요……. 모두 어디 갔을까요?

"아이참! 지난번에 양치질 안 하고 어흥, 하품해서 모두들 삐졌나? 오늘은 양치질 했는데……."

호랑이는 그네에 걸터앉아요.

"목마야, 어디 갔는지 알아?"

친구들만 봐도 신나게 끄덕거리던 목마는 힘없이 고개를 저어요.

"시소야, 너는 아니?"

절래절래.

호랑이는 그네에 앉아 흔들흔들 한참이나 생각해요.

'왜 안 오지? 왜 아무도 없지?'

한참을 바라보던 해님이 지겨워졌나 봐요. 하품하고 산 너머로 드러누워 버렸어요.

다음 날도, 다음 날도, 그 다음 날도……. 아무도 없어요.

"짹짹짹! 네모난 기계 때문이야!"

"네모난 기계?"

호랑이는 참새가 말한 네모난 기계가 몹시 궁금했어요. 친구 집을 찾아갔어요.

"여우야, 뭐 해?"

"캐갱, 재미있는 게임해!"

호랑이에게 대답해 주다가 게임머니를 날릴 뻔했다고 화가 났어요. 여우 눈이 위로 쭉 올라갔어요.

"삐약아, 뭐해?"

"삐약, 잠깐만……, 자…잠깐만……."

다리건너기 게임인데 아슬아슬한 장면이에요.

꼬꼬닭이 걱정해요.

"꼬꼬꼬, 어떡하니 호랑아? 저렇게 누렇게 떠서 배만 볼록 튀어나와 삐약이 못 놀아."

"올빼미야, 뭐해?"

눈이 툭 튀어나온 올빼미는 네모난 화면만 바라봐요.

"이것만……, 이것만 깨면 되는데……,"

밤새도록 한숨도 못 잔 것 같아요. 호랑이는 왠지 미안해졌어요.

뻐꾸기에게도 가봤어요.

밥 먹을 시간도 없대요. 그래서 딸꾹질만 자꾸자꾸 하면서 딸깍딸깍 마우스 누르기 바빠요.

엄마들도 처음엔 좋았어요. 놀아 달라 귀찮게 안하죠, 집 엉망으로 안 어지르죠.

하지만 이젠 걱정이 많아졌어요.

"밥 먹어야지!" 하면

"좀 있다가요." 하고

"책 읽어야지!" 하면

"이게 더 재밌는 걸요!" 하고

"체조해야지!" 해도

"안 해도 돼요!" 하고

"숙제해야지!" 하면

"숙제하면 게임 몇 시간 하게 해주실 건데요?"하고

미루기에, 말대꾸에, 성격이 자꾸 사나워져 가요. 야단쳐도 소용없대요.

큰일이야, 큰일!

친구들이 달라져버렸어요.

'난 친구가 하나도 없어! 내가 싫은가봐!'

호랑이는 코끼리 상담선생님을 찾아갔어요.

"선생님. 친구들이 아무도 안 놀아줘요. 이상한 기계 하고만 놀아요"

걱정하던 엄마들도 코끼리 선생님을 찾아갔어요.

"어떡하면 좋아요? 우리 삐약이가 밥을 잘 안 먹어요."

"우리 캥이는 걸핏하면 화를 내요."

"우리 빼미는 눈이 나빠졌어요."

"우리 꾹이는 손버릇이 이상해요. 글씨도 잘 못 써요."

코를 괴고 한참이나 생각하던 코끼리 선생님이 처방전을 주셨어요.

"호랑이가 도와 주거라!"

"제… 제가…… 어떻게요?"

호랑이는 매일 친구집을 찾아갔어요.

"아이 귀찮아! 깡총"

현관문만 겨우 열어주고 모른 척해요. 엄마 토끼한테 대들었는지 눈이 빨갛게 부었어요.

"여우야, 노올자!"

밥 안 먹고 캥캥 기침하느라 입이 툭 튀어나왔어요.

삐약이는 유치원에서 오자마자 네모난 기계 켜달라고 떼를 써요. 뻐꾸기는 이웃나라 말 배우기 한 번에 게임 한 시간 해달라고 졸라요. 올빼미는 눈살 찌푸리고 네모난 기계만 보다가 눈이 나빠져서 안경을 써야 해요.

안 돼요 안 돼!

술래잡기하기! 형아 있으면 같이해.

끝말놀이하기! 친구야, 너도 할래?

엄마랑 체조하기! 아빠도 건강해지세요.

책 읽어주기! 엄마도 도와주세요.

노래불러주기! 모두 다 같이 불러요.

또 있어요.

야호! 호랑이 꼬리 흔들고 놀기!

삐약이는 호랑이 꼬리에서 미끄럼을 타고 놀아요

야호! 책 속에 등장하는 호랑이 주인공 찾기!

부엉이는 책 속에서 호랑이 주인공을 찾느라 밤을 새기도 해요.

야호! 가끔씩 코끼리 미끄럼타기!

야호! 코끼리 코 줄넘기! 코끼리 코 물총놀이!

신나죠? 재밌죠?

해님도 자꾸 뒤를 돌아보면서 산 너머로 가요.

유행두 2007년 한국일보 신춘문예 동화부문 당선. 시집 《태양의 뒤편》

꼬랑지

| 이경순

또 잡지를 꺼냈다. 작년 내 생일에 아빠가 사 준 어린이 잡지다.

도레미파 솔솔
손잡고 올라가고
도시라솔 팔팔
팔 걷고 내려오고[1]

나는 잡지에 실린 어린이 시를 소리 내어 읽었다.

"언니, 어때 좋지? 제목이 계단이야. 어쩜 이렇게 재미있게 썼을까?"

"도대체 넌 그 책을 몇 번이나 읽는 거야?"

1) 작자미상

언니가 건성으로 대답했다.

난 이 책을 수십 번도 더 펼쳤다. 우리 집엔 읽을 만한 책이 없어서다. 만약 누가 내게 소원을 물으면 우리 집 책장에 책이 가득한 거라고 말할 거다.

우리 집 식구는 여덟 명이다. 할아버지, 할머니, 아빠, 엄마, 큰언니와 작은언니, 나, 그리고 남동생.

엄마는 우리 식구가 밥만 먹고 살기도 빠듯하다고 말하곤 했다. 다행히 엄마는 손재주가 좋아 옷을 수선하거나 커튼 같은 장식품을 만들어 돈을 벌기도 했다.

책을 사달라고 조르면 사주기야 하겠지만 망설이다 만다. 내가 읽고 싶은 책은 너무 많아서 다 살 수도 없으니까.

결국, 난 학교 도서관에서 책을 빌려 읽었다. 누군가 먼저 빌려 가 버리면 한참 기다려야 했다. 또 학교 도서실에 없는 책은 포기해야 한다.

가끔 성애네 집에 가서 책을 읽기도 한다. 성애네 집엔 책장에 책이 빽빽하다. 그런데도 내가 좀 오래 읽으면 내 손에서 슬그머니 책을 뺏으면서 '인제 그만.' 하고는 책장에 꽂아버린다. 성애가 책을 어찌나 애지중지하는지 빌려달라는 말을 꺼낼 수도 없다.

한글날을 며칠 앞둔 날이었다.

"오늘은 한글날 기념 백일장을 합니다. 아름다운 우리말로 쓰고 싶은 내용을 자유롭게 표현해 보도록 하세요."

선생님이 원고지를 나눠주었다.

뭘 쓸지 뾰족이 떠오르지 않아 연습장에 그림을 그리며 노닥거렸다. 선생님이 가까이 오면 쓰는 것처럼 했다.

"이젠 마무리하세요. 끝낼 시간이 다 됐어요."

선생님이 시계를 보며 말했다.

언뜻 머릿속에 시가 스쳐 지나갔다. 바로 아빠가 사 준 잡지에 실린 어린이 시였다. 마음에 들어 몇 번이나 읽다 나도 모르게 외워 버렸다.

나는 잠깐 주저하다 원고지에 바로 써 내려갔다. 혹시 모르니까 '졸음' 이라는 제목을 '낮잠' 이라고 바꿔 적었다.

선생님은 아이들이 쓴 글을 하나하나 읽어주었다.

"성애가 글을 잘 썼네요."

화단에 핀 채송화, 봉숭아, 백일홍 같은 꽃들이 누가 더 예쁜지 자랑하다 담장에 핀 해바라기를 보고는 누가 더 큰지 내기한다는 내용이었다. 내 생각으로는 성애 시가 제일 나았다.

"여기 미란이 글도 참 좋네요."

선생님이 내가 쓴 시를 읽었다.

낮잠

김미란

공부 시간에 찾아왔어요.
꾸벅꾸벅 따라갔어요.

책상 모서리에서
머리가 쿵
와하하
머리가 홍당무가 되었어요.[2)]

“잠을 따라갔다는 표현도 재미있고 아이들의 반응을 ‘와하하’ 란 웃음소리 표현했네요.”

선생님이 내 시를 아이들이 이해하기 쉽게 얘기해 주셨다.

“선생님 미란이 시가 제일 재미있어요.”

아이들이 여기저기서 칭찬해 주었다. 나는 어느새 어깨가 으쓱해졌다.

방송조회가 있는 월요일 아침이었다.

“3학년 1반 김미란, 박성애, 지금 방송실로 오세요.”

성애와 나는 무슨 일인지 어리둥절해 하며 방송실로 갔다. 오, 육 학년 언니 오빠도 몇 명도 있었다.

“여기 있다가 이름을 부르면 나와서 상을 받으면 돼.”

방송반 오빠가 일러주었다.

곧 방송조회가 시작되고 내 이름을 불렀다. 교장 선생님 앞으로 나갔다. 나는 3학년 중 최우수상, 성애는 장려상이었다. 상을 받아 든 나는 카메라를 향해 활짝 웃었다. 최우수상은 처음이었다. 내가 상을 받는 모습을 전교생이 다 본다고 생각하니

2) 작자 미상

가슴이 마구 콩닥거렸다.

"미란아, 축하해. 방송에 예쁘게 나오더라."

교실로 돌아오자 친구들이 축하해 주었다. 기분이 좋으면서도 마음 한편으론 누군가 알아차리면 어쩌나 걱정이 되었다. 다행히 방송에서 내 시를 들려주지는 않았다. 우리 반 아이들과 선생님 외에는 내가 쓴 시를 모른다. 우리 반 아이 중에서 지나간 잡지에서 내 시를 찾아낼 아이들은 없다. 혹 선생님이라면? 아냐, 바쁜 선생님이 뭣 하러 어린이 잡지를 보겠어? 이렇게 생각하니 걱정스럽던 마음이 달아났다.

집에 도착하자마자 상을 꺼내 자랑했다. 마음에 약간 걸리긴 했지만, 좋은 시를 외우는 것도 실력이라고 억지로 마음을 달랬다. 그러자 시는 처음부터 내 것인 것 같았다.

"친구들 앞에서 내가 다 으쓱해지더라고요. 미란이가 시를 즐겨 읽더니 소질이 있나 봐요."

저녁 먹을 때 언니가 내가 상 받은 얘기를 꺼냈다.

"우리 미란이가 그렇게 글을 잘 쓰는지 미처 몰랐구나. 책도 많이 못 사줬는데 정말 고맙고 축하한다."

아빠가 무척 대견해 하며 말했다.

"이러다 우리 미란이가 시인 되는 거 아니냐?"

할아버지 할머니도 축하해 주었다.

밥을 먹는 내내 목에 걸린 작은 가시를 억지로 밀어넣는 느낌이었다. 괜찮아, 앞으로 더 열심히 읽고 써서 내가 상을 받을 가치가 있는 사람이란 걸 보여주면 돼. 나는 당당하게 나를 위로 했다.

저녁을 먹고 잡지를 꺼냈다. 얼마나 여러 번 읽었는지 표지가 너덜너덜해졌다. 나는 외워 쓴 동시 부분을 찢어버릴까 하다 그냥 뒀다. 어차피 내가 어떤 시를 써냈는지 우리 식구는 모르니까.

일은 엉뚱한 데서 터져버렸다. 우리 집이 복잡하다고 잘 오지 않던 성애가 느닷없이 심부름을 왔다. 성애 할머니가 우리 엄마에게 한복 저고리를 고쳐 달라고 했던 거였다.

"아휴, 미처 못 끝냈네. 성애야, 잠깐만 기다려라."

성애를 내 방에 들어가라고 하고 부엌에 가서 옥수수를 꺼내오자 성애가 내 책상에서 잡지를 보고 있었다. 정신이 아찔해졌다.

"인제 그만."

나는 성애가 평소 내게 하듯 말하며 잡지를 낚아채듯 빼앗았다.

"어, 여기 재미있는 글이 많네. 어디서 본 것 같기도 하고."

나는 얼굴이 확 달아오르는 것 같았다. 얼른 옥수수 하나를 성애 얼굴 쪽으로 내밀었다.

"야, 맛있겠다!"

다행히 성애는 금세 옥수수에 정신을 팔았다.

성애가 돌아가고 난 뒤 나는 내가 외워 쓴 시가 있던 부분을 찢어버렸다.

학교에서 성애는 평소와 다름없었다. 만약 성애가 뒤늦게라도 알아차리고 친구들에게 까발리면 친구들은 나를 얼마나 비겁하게 볼까? 생각에 생각이 꼬리를 물었다.

다음 날도 다행히 아무 일이 일어나지 않았다. 하지만 나도 모르게 자꾸 성애 눈치를 살피게 되었다.

아, 이래서 도둑이 제 발 저리다고 하는구나! 성애 입으로 까발려지는 것보다는 내가 고백하는 게 더 나을 것 같았다.

선생님에게 말할 생각이었다. 며칠을 고민했는데도 용기가 생기지 않았다. 목요일은 일기장을 내는 날이다. 나는 일기장에 고백하기로 했다. 혹시 아이들이 보게 될까 봐 조심스럽게 썼다.

꼬랑지

누가 알기나 할까 싶어
남의 것
슬쩍 가져와 써먹었지요.
아무도 모르는 줄 알았는데
내 마음이 알고 있었어요.

네 것 아니잖아.
네 것도 아니면서.
어딜 가든
자꾸
나를 따라다니는 꼬랑지.

이젠 떼고 싶어요.

미안, 미안해요.
내 것이 아닌 건
절대 건드리지 않겠어요.

쉬는 시간에 선생님이 일기장을 검사했다. 공부 시간 내내 선생님을 바로 바라볼 수 없었다. 검사가 끝난 일기장을 학교에 펼쳐볼 수도 없었다.

집에 돌아와 일기장을 펼쳤다. 선생님이 내가 쓴 일기 아래쪽에 글을 써 놓았다.

옛날 위인들도 처음엔 다른 사람 것을 흉내 내다가 자기 것으로 터득해 나갔다고 해요. 그러니 너무 걱정하지 마세요.

꼬랑지란 시를 보니 정말 미란이가 상을 받아도 되는 실력을 갖췄네요. 참, 이 꼬랑지는 떼지 말고 계속 달고 다녀도 되겠어요. 미란이를 항상 바른쪽으로 이끌어 줄 예쁜 꼬랑지니까요. 언젠가는 이 일도 그리워지겠죠.

나는 일기장을 꼬옥 끌어안았다.

이경순 2009년 불교신문 신춘문예 동화 당선, 동서문학상 동시 입선, 작품집 《특별한 장승》

겨울비

| 정이식

1

가로등 불빛이 골목의 어둠을 쫓아내고 있는 새벽입니다. 허리가 많이 구부러진 할머니가 담벼락 그림자를 피하며 손수레를 끌고 있습니다. 바람이 불어오자 눈이 시린지 돌아서 뒷걸음을 칩니다.

"겨울이 아주 뿌리를 박을 작정이야. 추워서 큰일이네."

할머니의 볼멘소리가 하얀 입김을 달고 길바닥으로 깔립니다. 불빛에 비치는 할머니의 손가락은 빨갛게 부풀어 있습니다.

"휘잉."

차가운 손을 겨드랑이로 가져가는 할머니의 굽은 등 위를 바람이 매섭게 훑고 갑니다.

2

높다란 보험회사 건물의 그림자가 거리를 덮었습니다. 빛이 있는 곳으로 손수레를 옮기는 할머니의 손가락은 여전히 얼어 있습니다. 손가락을 입안으로 밀어 넣으며 할머니는 긴 한숨을 몰아쉽니다.

"휴, 오늘은 밥값도 못 벌겠어."

재활용 쓰레기 더미가 있는 길 언저리에 들고양이가 몰려있습니다. 마지막 볕을 받으려고 저희끼리 자리다툼을 합니다.

"저리 가. 쉬 쉬."

할머니는 손을 휘저어 고양이를 쫓아냅니다.

"양지라 따뜻하구나. 그러니 저 애들도 여기에 모이지."

할머니는 손수레를 세우며 고양이가 몰려있던 자리로 가서 털썩, 주저앉았습니다. 비 맞은 솜뭉치처럼 무거워진 몸을 담벼락에 기대자 스르르, 눈이 저절로 감깁니다.

"할머니. 이거 가져가세요."

건너편 빵집의 문이 열리며 아저씨 한 분이 종이뭉치를 들고 나옵니다. 할머니의 감겼던 눈이 번쩍 뜨여졌습니다. 튕기듯 일어나며 함박웃음을 흘려보냅니다. 할머니의 손수레에 실려 있는 종이보다 더 많아 보입니다.

"고마워요. 사장님."

일어나며 손수레를 끌고 할머니는 육교 밑으로 내려섰습니다. 그때입니다.

"할머니. 비켜요. 비켜."

초등학교 3학년쯤의 아이가 탄 자전거가 쏜살같이 내리막길을 달려옵니다. 우물쭈물, 할머니가 망설이는 사이에 골목을 달려 나온 자전거는 할머니의 코앞에까지 왔습니다. 할머니는 앞으로 가려던 발길을 급히 뒤로 물렸습니다.

"어이쿠."

방향을 틀던 자전거에 정강이가 받히며 할머니는 앞으로 폭삭 꼬꾸라졌습니다.

"쿵."

육교 기둥을 들이받으며 자전거도 멈추었습니다. 아이는 자전거에서 떨어지며 아스팔트 위로 미끄럼을 탔습니다.

"야야. 괜찮나?"

몸을 일으킨 할머니는 절뚝거리며 무릎을 감싸 쥐고 아이에게 다가갑니다. 눈물을 찔끔 이는 아이의 얼굴은 길 먼지로 뒤덮이어 뿌옇게 흐려있습니다.

"저런, 병원에 가보아야겠다. 어쩜 많이 다쳤을지 몰라."

어깨 옷이 찢어진 아이를 끌어안는 할머니의 정강이에 피가 흥건합니다.

"저는 괜찮은데요. 할머닌 안 아프세요?"

"원체 늙어서 그래. 자전거로 인해 다친 건 없다. 네가 괜찮다면 다행인데. 그나저나 자전거가 못 쓰게 되었네. 내 잘못이니 고쳐줄게."

할머니는 손수레를 끌어다가 자전거를 싣고자 애를 썼습니다.

하지만 힘이 부쳐 자꾸 실수하였습니다. 아이는 자기가 고칠 거라며 그냥 두라 하였지만, 할머니의 고집을 막지 못하였습니다. 아이는 할머니와 힘을 보태어 자전거를 손수레에 실었습니다.

"내일 이맘때에 우리 다시 만나자. 내가 다 고쳐서 가져올게. 참 네 이름은 무어니?"

"네. 할머니 저는요. 준철입니다. 정준철요."

"그래. 준철아. 내 이름은 말이야. 분이야 분이. 김분이. 내일 만나자."

할머니는 자전거가 실린 손수레를 끌며 아쉬운 눈빛으로 건너편 빵집을 바라봅니다. 빵모자를 쓴 할아버지가 손수레를 끌고 오다 얼른 은행나무 뒤로 몸을 숨깁니다. 할머니의 눈길이 지나가자 빵모자 할아버지는 흘끔거리며 손수레를 다시 끌고 종이뭉치 앞으로 나아갑니다. 바람은 그칠 줄 모르고 볕이 물러간 거리를 다 차지하려는 듯 자꾸만 몰려옵니다.

3

"할머니. 자전거 휠이 틀어졌어요. 이거요. 명품 자전거라 수리하려면 돈깨나 들겠는데요?"

자전거 집 아저씨는 쪼그려 앉은 할머니를 측은하게 바라봅니다. 할머니는 속주머니의 쌈지를 열어 천 원 몇 장을 꺼내 듭니다.

"내가 돈이 이것뿐인데, 돈만큼만 고쳐주면 안 될까요?"

자전거 집 아저씨는 안타깝다는 표정으로 고개를 갸웃거립니다. 빈 비닐봉지가 자전거 집 담벼락을 기어오르다 길 건너로 날아갑니다. 겹겹을 껴입은 할머니의 옷자락이 바람을 이기지 못하고 마구 펄럭댑니다. 멀리의 나뭇가지에 내려앉는 비닐봉지를 바라보던 자전거 집 아저씨는 천천히 고개를 끄덕입니다.

"할머니, 제가 그냥 고쳐드리겠습니다. 할머니를 보니 돌아가신 어머님 생각도 나고요, 금방 고쳐드릴게요."

휘어진 바퀴를 움켜잡는 자전거 집 아저씨의 등 뒤를 돌아온 바람이 회오리를 그리며 주춤대고 있습니다.

4

"오늘은 횡재하셨네요. 자전거값이 종잇값보다 더 많겠습니다."

종이 더미 위에 얹힌 자전거를 거머쥐며 고물상 주인은 기분 좋게 웃습니다.

"안돼요. 이 자전거는 고물이 아닌걸요."

할머니는 고물상 주인의 손을 뿌리쳤습니다.

"분이 할머니. 집에 아이들도 없는데 누구 주려고요? 팔면 돈이 좀 될 터인데."

저울에 종이 무게를 달려고 뒤에 서 있던 빵모자를 쓴 할아버지가 나무랄 듯 묻습니다.

"그래요. 할머니. 자전거 포함하면 2만 원쯤 되는데요. 종이는 4천 원밖에 안 되어요."

자전거에 미련이 있는 듯 고물상 주인은 할머니를 또 달래어 봅니다.

“됐어요. 됐고요? 그런데 애써서 모아온 종잇값이 왜 그것밖에 안 되나? 짜장면도 못 사서 먹겠네.”

“고물 값이 많이 내렸어요. 저도 후하게 셈을 치고 싶지만 .그게 어디 쉽습니까? 그래도 주위에선 우리 고물상 조건이 제일 좋아요. 잘 아시잖아요?”

할머니는 입을 삐죽이며 고물상 주인이 내미는 4천 원을 받습니다. 전깃줄을 타고 온 바람은 고물상 안에서 맴돌며 할머니의 낡은 목도리를 빼앗으려 애를 쓰고 있습니다.

5

종이 더미를 내리고 값을 받아 쥐던 빵모자 쓴 할아버지가 손수레를 끌고 오는 할머니를 바라봅니다.

“분이 할머니, 오늘은 수레가 바닥도 차지 않았어요. 그래서야 어디 밥 빌어먹겠어요? 저런. 무겁게 자전거는? 준철인가 하는 아이 아직 못 만났어요?”

고물상에 들어서며 손수레를 팽개치는 할머니의 눈가에 어린 눈물이 보석처럼 반짝입니다.

“일요일부터 해거름이면 그곳에서 죽치고 있는데, 그 아인 안 오는 거야. 나 때문에 잘못되기라도 했나 걱정이 도져 잠도 안 오고.”

흐린 하늘만큼이나 할머니의 걱정도 깊어갑니다. 잔 나뭇가지를 올리어 할머니 앞의 불씨를 돋우어주는 빵모자 할아버지의 얼굴이 불처럼 벌겋게 달아 있습니다.

"분이할머니. 그날 아이와 다칠 때 말입니다. 빵집 건너편 육교 밑이었는데 혹시 다른 육교로 가신 게 아닌지요?"

"할아버지가 어찌 그리 잘 알아요? 본 것처럼 말하시네?"

빵모자 할아버지는 불에 덴 것처럼 화들짝 놀라며 벌떡, 자리에서 일어납니다.

"아니 아니요. 아닌데요. 내가 왜 거기? 보다니, 뭘 봐요? 빵집 주위는 얼씬도 하지 않는데요."

우스꽝스럽게 손을 휘저으며 말까지 더듬는 빵모자 할아버지를 물끄러미 바라보던 할머니의 머릿속에 번개 같은 생각이 떠올랐습니다.

"맞아. 내가 왜 그걸 몰랐지? 그날 육교 건너편엔 빵집이 있었어. 나는 엉뚱한 곳의 육교 밑에서 아이를 기다린 거야."

이글거리는 모닥불만 환하게 빛을 발하는, 고물상 바깥에는 어둠이 기다랗게 줄을 지어 있습니다.

6

"빵집 주인도 야속하지, 이젠 내게 물건을 안 주네."

할머니는 빵집 안을 흘깃거립니다. 주인과 눈도 마주쳤는데 본 척을 안 합니다. 할머니는 손수레를 육교 밑에 세우고 하늘을 바라봅니다. 어둠을 끌고 낮게 내려온 하늘이 깨알처럼 작은 빗방울을 서서히 토해내고 있습니다.

"끼익."

지나가던 승용차가 멈추었습니다. 점잖아 보이는 아저씨와 아줌마가 내립니다. 멀뚱멀뚱 바라보는 할머니 곁으로 다가옵니다.

"맞아요. 당신 눈이 참 예리하네. 우리 철이 자전거가 분명해요."

아줌마는 손수레 위에 앉아있는 자전거의 손잡이를 어루만집니다.

"아닌걸요. 이건 댁들 것이 아닙니다. 훔친 건 더더욱 아니고요."

할머니는 자전거를 잡는 아줌마의 손을 뿌리쳤습니다.

"할머니. 이 자전거요? 우리 아이 것이 맞아요. 돌려주지 않으면 경찰에 도둑으로 신고할 겁니다."

그새 내린 빗방울이 할머니의 머리를 은구슬을 쓴 것처럼 하얗게 가꾸어 놓았습니다.

"도둑이라니? 이 자전거는요. 이 자전거는."

울먹이는 할머니의 다음 말을 기다리는 아줌마의 머리 위에도 얼음처럼 차가운 빗방울이 쉬지 않고 내려옵니다.

"할머니."

길 위쪽에서 한 아이가 달려오며 할머니를 부릅니다.

"아니? 준철아. 너."

할머니와 아줌마는 달려오는 아이를 바라보며 동시에 소리칩니다. 아이는 얼마나 빠르게 달려왔는지 숨이 턱에 차올라 무릎을 구부리며 한동안 말을 하지 못하였습니다.

"할머니. 안녕하세요. 저, 준철입니다. 헉헉. 엄마, 내가 말씀드린 할머니야."

찬비를 헤치며 뛰어오느라 준철이 입술이 새파랗게 부르텄습니다.

"할머니. 다친 곳은 나으셨어요? 제가 얼마나 걱정하였다고요. 파스랑 약을 사서 뒷날 오후에 늦게까지 기다렸어요."

"아니? 준철아. 그럼 네가 말한 할머니가 이 할머니란 말이냐? 세상에."

"그럼. 엄마. 다음 날도 또 다음 날도 나는 자전거가 아닌 할머니가 걱정되어 여기에 왔었어."

"고물로 팔면 돈이 될 터인데, 돌려주려는 마음도 없었지 싶은데 할머니는 왜 지금 오셨어요?"

준철이 아빠는 옷에 묻은 빗방울을 털어내며 할머니 곁으로 다가섭니다.

"그게 그저. 콜록콜록."

할머니는 기침을 몇 번이나 하고 나서야 겨우 말문을 열었습니다.

"준철이지? 그래요. 준철이 자전거가 육교 밑을 건너던 내 탓으로 고장이 났어요. 자전거를 고쳐서 도로 주려고 그 뒷날부터 하루도 안 빠지고 나왔어요."

"그럼 왜 못 만났지요? 우리 준철이도 매일 나왔다는데?"

"사장님. 그거요. 그저. 이 추운 겨울에 웬 비람? 콜록콜록."

할머니는 또 한바탕 기침을 해대었습니다.

"장소를 잘못 알았어요. 저기 두 마당 떨어진 곳의 학교 앞에 육교가 있어요. 어제까지 그곳에서 준철이를 기다렸어요. 엊저녁에야 할아버지 한 분이 혹시 하며 가르쳐 주기에. 콜록콜록."

"그러면, 할머니는 자전거를 고쳐서 일주일 내내 준철이를 만나러 나오셨단 말이지요? 여기가 아닌 다른 곳에 계셔서 그렇지만."

조금씩 떨어지던 빗방울이 점점 더 드세어 갑니다. 준철이 아빠는 자신의 외투를 벗어 할머니 등에 씌워 주며 비 내리는 먼 하늘을 바라봅니다.

"걱정하지 마세요. 할머니. 겨울에 비가 내리는 이유는요. 봄이 멀지 않음을 알려주려는 것이에요. 할머니가 계셔서 올해의 봄은 더 일찍 오지 싶습니다."

"할머니."

준철이는 다가서며 할머니의 양손을 잡았습니다. 할머니의 손은 차갑지만 따스한 기운이 속으로 흘러서 준철이의 손바닥을 타고 짜릿하게 전해옵니다. 할머니 굽은 등 위로 켜지기 시작하는 가로등 불빛에 하얗게 젖은 비가 소리 없이 내려오는, 겨울은 그렇게 천천히 물러가고 있습니다.

정이식 경남 산청 출생. 2009년 《경남신문》 신춘문예 동화 당선. 제24회 문학사랑 인터넷문학상, 제34회 근로자 문학제 수필 은상, 2011 글동네 문학상 수상

돼지는 꿀꿀꿀

| 정현수

“하느님. 난 정말 억울합니다.”

돼지가 말했습니다.

몸이 새까만 게 보기에도 민망합니다.

쌀겨와 더러운 음식 찌꺼기가 뒤범벅이 된 주둥이에 눈살이 찌푸려집니다.

“왜?”하느님은 이마에 주름을 모았습니다.

“하느님, 난 결코 돼지가 아닙니다.”

돼지는 계속해서 우물우물 뭔가를 먹으면서 웅얼거렸습니다.

“응, 그게 무슨 소리냐?”

하느님은 누굴 미워하지 않기도 했지만 돼지의 주둥이 주위는 정말 싫어집니다.

여러 짐승들은 짜증이 났습니다.

돼지의 불만으로 자신들의 차례가 늦어지기 때문입니다.

그런데 돼지는 같은 소리만 자꾸 되풀이하니까 더 밉습니다.

"자, 가만있어라, 차례가 되면 내가 다 이루어 주마."

하느님은 여러 짐승의 맘을 훤히 알고 계십니다.

"돼지야, 너의 말을 못 알아듣겠구나, 돼지를 돼지가 아니라면 누가 돼지란 말이냐?"

"하느님도 참 답답하십니다."

돼지는 볼멘소리로 톡 쏘아댑니다.

하느님은 정말 인자스럽고 마음이 끝없이 넓어서 돼지의 말을 끝까지 잘 들어줍니다.

"그래, 내가 참 답답하다 치자, 그 답답한 뜻을 차근차근 풀어보거라."

하느님은 창문 밖을 보십니다.

하루가 얼마만큼 지났는지 시간을 확인하는 것입니다.

하느님은 여러 짐승들의 소원을 다 이루어 주려고 애씁니다.

그런데 그 소원 중 어떤 소원은 하루밖에 효험이 없는 것도 있답니다.

그럴 경우에는 너무 늦은 시간에 소원을 이루는 짐승들이 억울하지 않게 하려고 일찍 해결해 주고 싶은 마음입니다.

그래서 하느님은 5시 이후엔 여러 짐승을 내일까지 기다리게 합니다.

성질 급한 원숭이는 한 번도 기다려 보지 못했습니다.

기다리기 지루해서 엉덩방아를 몇 번씩 찧고 나니 엉덩이에 퍼렇게 멍이 들었답니다.

하느님은 원숭이의 소원이 엉덩이에 퍼렇게 멍이 드는 거라고 생각해서 아직도 그래도 두고 있답니다.

그에 비하면 돼지는 또 어찌나 굼뜬지 돼지 말을 들어 보고 나면 언제나 5시가 지나게 됩니다.

그러나 돼지는 여간해서 찾아와서 소원을 말하지 않기 때문에 다른 짐승들은 오늘만은 꾹 참습니다.

하느님도 돼지를 예쁘게 보려고 미소를 띠우며 될 수 있는 대로 주둥이 근처를 쳐다보지 않습니다.

"하느님, 하느님이 만드신 우리 모두는 제각각 한 가지씩 재주가 있잖습니까?"

"있지, 내가 그걸 다 준 거지!"

"그런데 저는 재주는커녕 이 모습 좀 보세요. 새까만 때 , 눈곱이 낀 더러운 눈, 그렇다고 목소리가 꽥꽥거리니 제가 듣기에도 민망합니다. 그렇다고 몸이 날렵한가요?"

하느님은 너털웃음을 막 쏟아냅니다.

"허허허허!"

생긴 것은 그렇다 치고 주둥이 주위나 깨끗이 했으면 싶은 생각이 났기 때문입니다. 그래서 하느님은 한 마디 농담을 하고 싶어졌습니다.

"그럼 그 입에 바른 색깔은 왜 하필이면 그거냐?"

"히히히"

"호호호"

"킥킥"

하느님의 농담 한 마디에 여러 짐승들은 지루함도 짜증도 다 잊고 킬킬댑니다.

여러 짐승이 죽어라고 웃는 이유를 돼지는 한참 후에나 알게 되었습니다.

돼지는 손으로 지저분한 주둥이를 쓱 문댑니다.

좀 머쓱해져서 눈을 껌벅거릴 뿐입니다.

돼지는 주위를 한번 둘러봅니다.

얼굴이 갸름하게 생각 고양이가 눈을 반짝거리면서 돼지 뒤에 섰습니다.

"고양아, 너도 소원이 있단 말이냐?"

"그럼요, 돼지 아저씨!"

고양이는 당연하다는 소리로 돼지의 짧고 오그라든 꼬랑지를 눈으로 비웃습니다.

멋지고 맵시 있는 두 귀를 쫑긋댑니다.

"얘, 돼지야! 넌 지금 누구와 만나고 있는지를 금방 잊어버렸냐. 그리고 소원이 뭔지도 말해야 되지 않느냐?"

하느님은 돼지가 딴 짓을 하는 행동이 어리석다고 보십니다.

"참 그렇죠, 나는 지금 하느님 앞에서 내가 돼지가 아니란 걸 밝히려고 왔습니다."

"다시 물어 보자꾸나, 대체 왜 네가 돼지가 아니란 말이냐?"

돼지는 납작 코에 긴 한숨을 풀어 내쉽니다.

입맛도 쩝쩝 다십니다.

또 뭔가가 먹고 싶은 모양입니다.

"하느님, 내 말을 짐승들이 알아듣지 못합니다. 언제나 '꿀꿀' 소리밖에 못하는 줄 알고 있지요."

"그야 그렇지, 내 귀에도 돼지의 네 소리가 '꿀꿀' 로밖에 안 들린단 말이야."

하느님은 은근한 말씀으로 돼지를 지그시 내려다보며 타이르기 시작합니다.

"돼지야, 이제부터 내 말을 잘 들어 보아라, 넌 언제나 '꿀꿀' 하지 않느냐?"

"그런데 하느님, 저는 돼지가 아니라고요, 꿀을 찾아서 헤매고 있단 말예요."

돼지의 꽥꽥거리는 목소리는 어느 때보다 진지했습니다.

"맞다! 너는 그것이 무엇을 달라는 소리인줄 나는 진작부터 알고 있었구나."

하느님의 눈은 부드럽고 기특하다는 표정으로 말했습니다.

"정말이에요? 정말 내가 꿀을 찾아 헤매는 게 맞는다는 말씀인가요?"

"정말이란다. 그건 말이야, 맛있는 꿀을 찾는 소리란다, 모든 짐승들은 그것이 말도 안 된다는 거야. 사람도 먹기 귀한 음식인 꿀을 돼지가 먹을 수 있느냐는 말이지, 그러나 너는 그 꿀을 찾아 먹기 위해 언제나 꿀꿀거리고 다니는 거야. 아주 예전부터……"

"오 하느님!"

돼지는 하느님의 말씀을 듣고 자신이 그렇게 귀한 존재라는 걸 알게 된 것이 너무나도 기뻤습니다.

아무 곳에서나 주둥이를 들이대고 먹는 데 빠지는 게 꿀을 찾아 헤매는 것이란 말에 돼지는 자신감과 함께 이 세상에서 최고의 소원을 풀었다고 생각했습니다.

이 세상에서 제일 크게 피어난 함박꽃만큼이나 돼지의 주둥이가 헤벌쭉해졌습니다.

쭉 내밀어진 주둥이를 다물지 못한 채 여러 짐승들을 휙 한 바퀴 둘러보았습니다.

'나 이런 짐승이야!'

여러 짐승들은 박수를 짝짝, 고갯짓을 끄덕끄덕,

하느님은 창밖을 또 내다보십니다.

'내가 오늘 제일 힘든 일을 했구나!'

둥그런 해님도, 하느님의 마음을 아는지 웃음 가득한 얼굴로 서산으로 막 내려섰습니다.

정현수 경남 함안 출생, 1981년 《새교실》 동화 천료, 1984년 중앙일보 신춘문예 소년중앙문학상 동화 당선, 경남아동문학상 수상. 저서 《장군의 딸》 외 다수

에루의 사랑

| 조현술

강마을입니다.

푸른 강물이 넓은 모래벌판을 휘감고 도는 마을이지요. 길게 이어지는 푸른 강둑에는 보라색 붓꽃, 샛노란 민들레 그리고 갖가지 들꽃들이 푸른 융단에 수를 놓은 듯 피어났어요.

그 강마을에 빨간 노을이 곱게 물들고 있어요. 서녘 하늘의 구름들이 해님을 보내지 않고 구름 속에 꼬옥 잡아두고 있나 봐요.

초가집 지붕에도 노을 한 줌이 떨어져 지붕이 바알갛게 물든 것 같았어요. 그 초가집 마루 한쪽에 '에루' 라는 개가 아주 다급한 신음을 하고 있어요. 저녁 노을보다 더 붉고 진한 아픔, 어쩌면 아름다운 그런 신음이어요.

'아. 끄응. 아-, 아그.'

에루가 혼자서 지금 산통을 겪고 있어요. 집주인 할아버지가 들에서 늦게까지 일하느라 돌아오지 않아 집은 텅 비어 있었어요.

'어그, 머 – 엉 – 멍'

그러자 갑자기 에루의 찢어지는 듯한 목소리가 빈 집안을 흔들었어요. 강마을 저녁 공기가 싸늘하도록 아픈 신음이 집안을 채웠어요.

그 목소리가 집안의 공기를 아프게 흔들고 지나가자, 이내 집안은 평화가 온 듯했어요. 마치 심한 태풍이 지나가고 잠잠해지는 그런 기분이었어요.

무언가 살아 움직이는 소리가 들리고, 에루가 뜨겁게 핥아대는 그런 소리가 들렸어요.

'끙 끙 끙, 귀여운 내 새끼'

에루의 품안에는 귀엽고 앙증맞은 강아지들이 꼬물거리며 그 작은 입을 쪽쪽거렸어요. 새끼가 몇 마리인지 알 수가 없었어요. 에루는 그런 새끼들을 눈 안에 가두고 그윽한 눈으로 바라보았어요. 에루는 그 많은 새끼들을 보면서 특별히 한 마리 새끼에게 눈을 주고 근심스런 눈빛으로 내려다보았어요.

'아, 막내 녀석은 제대로 탯줄을 처리 못 해서 숨도 제대로 못 쉬고 몸이 온전치 못하구나. 이를 어쩌지?'

에루는 혓바닥으로 그 막내의 목을 더 정성스럽게 핥았어요.

얼마가 지났을까요?

산 그림자가 엉금엉금 마을을 덮어 왔어요.

할아버지, 할머니가 들에서 일을 끝내고 사립문을 열고 들어섰어요. 평소 때 같으면 컹컹거리고 꼬리를 흔들며 뛰어올 에루가 보이지 않았어요.

그런데 마루 밑 한쪽에서 에루가 작은 소리로 컹컹거렸어요. 할아버지는 집히는 게 있다는 듯이 에루가 컹컹거리는 마루 밑 한쪽으로 달려갔어요.

"그렇지, 에루가 새끼를 낳았군. 나도 걱정은 했지만 이렇게 빨리 낳을 줄을 몰랐지."

할아버지와 할머니는 에루 주위에 짚으로 두툼하게 에워싸서 커다란 둥우리처럼 만들어 주었어요. 할머니는 에루를 위해 가마솥에다 귀한 미역국을 끓었어요. 할머니와 할아버지는 부엌에서 서로 얼굴을 마주 보고 싱글벙글했어요.

할머니가 죽을 끓여 에루 밥그릇에 부어주면서 새끼들을 한 마리씩 세어보았어요. 할아버지를 향해 큰소리로 외쳤어요.

"영감, 새끼들이 열한 마리나 되어요."

할아버지와 할머니는 그날부터 에루의 강아지가 태어난 것을 큰 경사가 난 것만큼 기뻐하며 정성껏 돌보았어요.

할아버지 집 돌담 옆에 살구꽃이 필 무렵, 강아지들도 제법 자랐어요. 강아지들이 에루를 따라서 집안 구석구석을 돌아다녔어요. 에루는 마당을 돌아다니면서도 긴장을 놓지 않았어요. 혹시라도 독수리나 다른 짐승들이 새끼들을 낚아채 갈까 걱정이 되었지요.

에루는 열한 마리나 되는 새끼들을 거느리고 다니면서 잠시도 눈을 떼지 않는 강아지가 있어요. 막내 '따루'였어요. 젖도 잘 먹지 않고 할머니가 주는 죽도 먹지 않고 몸이 허약하여 걷는 것도 뒤뚱뒤뚱했어요.

'아, 어떻게 하지?'

'이제 자랄 만큼 자라서 얼마 있지 않으면…….'

에루는 그 다음은 생각하기가 싫었어요. 아니 마음이 아파서 더 생각할 수가 없어요. 에루가 새끼를 낳아서 자라면 그 새끼들을 할아버지가 시장에다 내다 파는 것을 보았기 때문이지요.

'할아버지가 저 귀여운 내 새끼들을 읍내 장에다 팔 것인데'

'저 뒤뚱거리는 막내 새끼가 남의 집에 가면 어쩌지?'

에루는 그 일로 매일 마음이 편하지 않았어요. 혹시 할아버지가 시장 갈 채비라도 하는 낌새가 눈에 잡히면 에루는 앞다리를 바르르 떨며 강아지들을 품안으로 불러들였어요.

할아버지 할머니도 강아지 새끼들을 잘 키웠어요. 사람도 먹기 어려운 귀한 쌀죽을 끓이는가 하면 간혹 시장에 가서 생선을 사와 국을 끓여주기도 했어요. 할아버지는 그 강아지 한 마리 한 마리들에게 이름을 지어주며 귀여워했어요.

할아버지, 할머니도 막대 강아지 '따루'가 걱정이 되어 지성으로 돌보았어요. 몸도 닦아 주고, 귀한 죽을 쑤어 먹였으며, 비바람이 치는 날에는 할머니 방에 데리고 들어와 포옥 안고 자기도 했어요. 그래도 따루는 허약한 몸이 되어 비실거렸어요.

"아하, 걱정이군. 따루를 어떻게 한담"

할머니와 할아버지는 막내 따루를 키우는 일을 아기를 키우는 것보다 더 정성을 들였어요.

강아지 새끼들이 제법 자랐어요. 이웃 낯선 사람들이 마당에 들어오면 그 귀여운 입을 모아 컹컹거리며 어미 개 에루를 흉내 내었어요.

그런 어느 날, 할아버지가 지게와 커다란 바지게를 준비했어요. 에루는 가슴이 덜컹 내려앉았어요.

'올 것이 왔구나.'

에루는 앞발을 바르르 떨며 새끼 둥우리 주변을 돌며 안절부절못했어요. 끙끙거리다가 눈에 시퍼런 불을 켜고 할아버지에게 달려들 기세까지 보였어요. 그러다 머리를 둥우리에 박고 오줌을 찔금거렸어요.

그런 모습을 보는 할머니는 에루가 안스러운지 손등으로 눈물을 훔치며 따듯한 죽 사발을 들고 에루를 데리고 집 뒤로 갔어요. 에루가 마지막 가는 그 새끼들을 보지 못하게 하기 위해서이지요. 할아버지도 마음이 편지 않은지 연신 눈시울을 닦으며 목이 메였어요.

"후우, 나도 에루 너보다 더 마음이 아프다. 이 녀석들을 시장에 내다팔고 빈 지게를 지고 강둑을 터벅터벅 걸어올 때는 얼마나 허전한지. 가슴이 쓰리듯 아프다."

할아버지는 강아지 한 마리씩을 바지게에 담아 실었어요. 강아지들은 멀리 나들이라도 가는 것처럼 끙끙거리며 바지게 위에서 서로 장난을 쳤어요.

할아버지는 강아지들을 바지게에 싣다가 갑자기 손이 멈추었어요. 막내 따루가 눈에 밟혔어요. 꼬물거리며 둥지를 떠나지 않으려고 제 어미 젖꼭지를 찾는지 끙끙거렸어요. 그 모습을 보자 할아버지도 눈시울이 뜨거웠어요.

"그래, 막내 따루야, 너는 이 할애비가 키울게"

따루만을 둥우리에 남겨 둔 채, 강아지들을 바지게에 싣고 읍내 장으로 가는 할아버지의 마음을 무겁기만 했어요.

그날 오후, 강아지 새끼들을 시장에 내다 팔고 빈 지게를 지고 돌아온 할아버지는 에루 둥지 앞에 와서 에루를 안고 울었어요. 할머니도 에루를 안고 울었어요. 한 마리 남은 '따루' 는 에루 품속을 파고 들며 끙끙거리며 제 형제들을 찾는 것 같았어요.

""에루야, 어쩌겠니? 우리가 네 새끼 열 한 마리를 어떻게 다 키울 수 있겠니?"

에루는 할아버지, 할머니 말을 알아듣기라도 하듯이 둥지에

머리를 박고 끙끙거리기만 했어요.

강아지들을 시장에 내다팔고 난 후, 할아버지와 할머니를 정신 나간 사람처럼 멍하게 앞산을 바라보기만 했어요. 꼬물거리는 그 새끼들이 눈에 삼삼거렸나 봐요.

그러던 어느 날이었어요. 에루, 할머니, 할아버지 모두가 이제 제법 마음을 바로 잡아갈 즈음이었어요.

할아버지의 딸이 오래간만에 친정에 왔어요. 강마을의 벼랑길을 지나 아주 먼 곳에 있는 마을로 시집간 딸이지요.

에루는 그런 딸이 마당으로 들어오자, 반가운지 막내 따루를 데리고 나가 꼬리를 치며 반갑게 맞이했어요.

"어마, 우리 에루가 새끼를 낳았구나. 새끼가 많이 자랐네."

할아버지의 딸은 그 보드라운 손으로 에루의 등을 다독이다 에루를 품에 안기까지 했어요. 에루도 그런 옛날 주인이 너무 좋았어요. 더구나 옛날 처녀 때에 몸에서 풍기던 그 향내를 다시 맡을 수 있는 게 너무 반가왔어요. 꼬리를 치며 주둥이를 새댁의 품에 비비며 어쩔 줄을 몰랐어요.

"아유, 이 귀여운 아기 좀 봐라. 품에 안고 키우고 싶구나."

에루는 오래간만에 기분이 좋았어요. 새댁의 내음을 맡을 수 있다는 것이 너무 좋았어요. 새댁이 걸어갈 적마다 치맛자락에서 풍겨오는 향긋한 내음은 어디라도 따라갈 것만 같았어요.

할아버지 집은 잔칫집처럼 즐거웠어요. 할머니가 맛있는 음식을 하고, 할아버지도 딸에게 무엇을 선물할까 이것저것을 생각했어요.

그때, 할아버지의 딸이 무심코 한 마디 던졌어요.

"아빠, 이 따루 강아지 제가 데리고 가서 키우고 싶어요. 저에게 주세요."

딸의 그 말에 할아버지는 눈을 멍하니 뜨고 따루와 강아지를 번갈아 보았어요. 할아버지의 그런 눈빛을 보고 딸이 머뭇거리며 다시 물었어요.

"왜? 강아지가 정이 들어서 저에게 주기 싫나요?"

할아버지는 한참을 생각하다가 딸에게 말했어요.

"얘야. 그 강아지 '따루'는 열한 마리 새끼 중에서 제일 약하고 병치레를 해서 아직까지도 에루가 젖을 먹이고 있단다."

"아빠 걱정 마세요. 제가 데리고 가서 죽도 끓여 먹이고 고기도 사다 맛있게 먹일게요."

할아버지는 에루, 따루 그리고 딸을 번갈아보며 고개를 갸우뚱하고 무언가를 중얼거렸어요.

'에루가 가만히 있지 않을 텐데!'

그 다음 날, 아침나절 딸이 따루를 가슴에 안고 집을 떠나려 하자, 예상대로 에루가 끙끙거리며 대문 밖으로 따라 나왔어요.

할머니, 할아버지가 아무리 말려도 에루는 한사코 새댁을 따라나섰어요.

딸이 할아버지, 할머니에게 말했어요.

"에루, 제가 강둑에까지 가다가 돌려보낼게요. 에루가 제 말을 잘 들어요."

에루가 강둑에까지 따라왔지만 돌아갈 생각을 안 했어요.

에루의 눈은 새댁의 가슴에 안겨 끙끙거리는 따루에게만 쏠려 있었어요. 에루가 새댁에게 무언가 말을 하는 것 같았어요.

'따루는 아직 에미 젖을 먹여야 해요. 먹이지 않으면 죽어요. 큰일나요.'

에루는 간절한 눈빛으로 새댁에게 끙끙거렸지만 새댁은 에루를 빨리 집으로 돌려보낼 궁리만 했어요.

새댁이 강가의 위험한 벼랑길에 이르자 단호한 결심을 했어요. 아주 무서운 얼굴을 했어요. 작은 막대기 하나를 잡았어요.

"에루야, 여기부터는 아주 위험한 벼랑길이야. 그리고 우리 집은 저 멀리, 아주 멀리 산 너머에 있다. 내가 따루 잘 키울 테니까 너는 집으로 돌아가거라."

새댁은 에루를 향하여 막대기를 휘두르고 고함도 지르며 쫓았어요. 에루를 향해 작은 돌도 던졌어요.

에루는 머뭇거리다 뒷걸음질을 했어요.

'아, 저 치맛자락의 내음만 맡으면 어디라도 따라갈 수 있을 것 같은데…….'

새댁은 한참을 가다가 뒤돌아보았어요. 강둑 멀리, 작은 바위 위에 동그마니 앉아서 바라보고 있는 에루의 모습이 너무 안쓰러웠어요.

날이 어두워서야 새댁은 시가에 돌아올 수 있었어요. 따루 강아지를 보자 시가의 식구들 모두가 좋아했어요. 마루에다 짚으로 작은 둥우리처럼 집을 만들어 포근히 잘 수 있도록 했어요.

어쩐지 따루가 불안했어요. 아무것도 먹지 않고 숨만 새근거렸어요. 금세 숨이 넘어갈 듯이 힘이 없어보였어요. 밤사이 혹시라도 따루가 숨을 거둘까 걱정스럽기만 했어요.

따루는 그 둥우리가 편하지 않은지 끙끙거리며 무언가를 찾았어요. 연신 거친 숨을 몰아쉬며 제 어미의 젖꼭지를 찾는 것 같았어요.

그 산 마을에도 밤이 오고 별이 떴어요. 밤이 깊어갔어요.

뒷산 솔숲에서 부엉이가 부엉부엉 울었어요.

다음 날 아침이었어요.

새댁은 일찍 일어나자마자 따루가 걱정이 되어 마루로 나갔어요. 따루 둥우리를 보자, 새댁은 깜짝 놀랐어요. 불에 손을 덴 것만큼이나 화들짝 놀라며 소리 질렀어요.

"어마나. 이게 웬일인가?"

새댁의 놀라는 고함 소리를 듣고 신랑, 집안 식구들이 마루로 뛰어 나왔어요.

"아니? 이게 웬일이냐?"

아, 놀라운 일이었어요. 그곳에는 에루가 따루를 품에 포근히 안고 젖을 먹이고 있었어요. 에루는 밤새 그 먼 길을 걸어오느라 온몸이 이슬과 물방울에 흥건히 젖어 있었어요.

새댁은 에루가 너무도 사랑스러워 포근히 안아주었어요. 에루가 반가운지 꼬리를 가볍게 흔들며 끙끙거렸어요.

집 안 사람들도 새댁에게 어제의 이야기를 듣고 눈시울이 뜨거웠어요.

"세상에 그 먼 길을, 그것도 처음인데 어떻게 찾아왔을까."

"제 새끼의 냄새를 맡고 따라온 것일까?"

에루의 이 애절한 이야기가 이 마을 저 마을로 펴졌어요.

한 마리 개의 모성애가 그렇게 강한 것에 큰 감동을 받았어요.

마을 사람들은 에루가 밤새 걸어서 새끼에게 젖을 먹이기 위해 찾아간 그 모성애의 이야기를 오래 기억하고 싶었어요. 그래서 마을 사람들은 에루가 간 위험한 벼랑길을 '개비리길' 이라고 불렀어요.

—이 이야기는 '창녕' 개비리길의 전설을 동화로 만든 것입니다.

조현술 1985년 《경향신문》 신춘문예 등단. 마산시문화상, 경남도문화상 수상. 동화집 《아빠의 기도》 외 10여 권

잠꾸러기 홍연

| 최상일

소낙비가 한 줄기 지나간 어느 맑게 갠 날이었습니다.

아라왕자는 망루에 올라 남쪽을 바라보다 저 멀리 보이는 산에 어쩐지 사냥을 하러 가보고 싶어졌습니다.

"여봐라. 게 아무도 없느냐?"

아라왕자는 큰 소리로 신하를 불렀습니다.

검붉은 갈기를 날리며 달려가는 말을 탄 왕자님의 모습은 눈이 부실 정도로 너무도 당당합니다. 방목을 지나 말산마을 옆으로 신나게 말을 달립니다. 길가에는 때 이른 개망초꽃들이 하늘거립니다.

오늘은 왠지 많은 사냥을 할 것 같습니다.

왕자가 좋은지 뽀오얀 먼지가 왕자님의 옷자락에 달라붙습니다.

한참을 달리다보니 성산산성이 나왔습니다. 동그랗게 흙으로 쌓여진 작은 성. 그곳은 외적을 방어하기 위해서 아라가야의 바깥쪽에 축성한 성입니다. 성산산성을 돌아 올라가니 작은 강이 나왔습니다.

성산산성이 내려오다 강과 마주한 곳에는 바위가 있고 그곳에는 신선이 노닐 만한 아주 아름다운 바위 아래로 흐르는 강물에 드리운 수양버들이 눈에 들어왔습니다.

"여봐라. 우리 저기서 잠시 쉬어가자."

여항산에서 흘러 내려오던 강물이 이곳을 돌아 내려가다 깊이 웅덩이를 만들었는데 그곳을 무진이라고 하였습니다.

아라왕자 일행은 말고삐를 나무에 매어두고 바위를 향해 걸어갔습니다.

'토닥 토닥! 토닥 토닥!'

어디서 빨래 방망이질 소리가 들립니다.

아라왕자를 본 빨래를 하던 아가씨가 얼굴을 붉힙니다.

아라왕자가 아가씨를 보는 그 순간, 아라왕자는 그만 얼음이 되어버렸습니다. 아직 한 번도 본 적이 없는 아름다운 자태와 발그레 물이 오른 볼하며 별빛 같은 두 눈동자에 빠졌기 때문입니다.

한참 동안 넋이 나간 사람마냥 아라왕자는 정신이 아찔함을 떨쳐보려고 고개를 좌우로 흔듭니다.

아가씨가 하던 빨랫감을 주섬주섬 광주리에 담고 일어섭니다.

아가씨가 산등성이를 오르기 시작합니다. 아가씨의 뒷모습이 저만치 사라지려 하자 귀신에 홀린 듯 아라왕자가 그 뒤를 밟습니다. 신하들이 아라왕자의 뒤를 따릅니다.

한참 동안 동지산성을 오르던 아가씨가 홀연히 눈앞에서 사라져버렸습니다.

아라왕자는 아무리 이리저리 둘러봐도 아가씨를 찾을 길이 없습니다.

참! 이상하네. 귀신인가?

아라왕자가 산성에 오르자 가운데가 파여져 있고 그곳에는 빨간 연꽃이 흐트러지게 만발해 있었습니다.

그 때에 산성의 성주가 달려나왔습니다.

"아니! 여기까지 왕자님이 어인 일로?"

성주는 어쩔 줄을 몰라 허둥거립니다.

"아무것도 아니니라. 내가 저 산에 사냥을 가다가 잠시 이곳에 올라온 것뿐이니라."

아라왕자는 말은 그렇게 하지만 눈은 오로지 방금 강가에서 빨래하던 아가씨를 찾고 있습니다. 이런 일이 있은 후로 아라왕자는 여항산으로 사냥을 간다는 핑계로 무진정을 찾아갔습니다.

혹시나 또 그 빨래하는 아가씨를 볼 수 있을까 하구요.

그렇지만 아가씨는 보이질 않았습니다. 그러던 어느 날이었습니다. 여항산에서 노루를 쫓다 그만 해가 저물어버렸습니다. 아라왕자 일행은 달이 뜰 무렵에야 무진정을 지나게 되었습니다.

달빛은 고고하고 가을바람이 하늘거리는 수양버들 아래 물가 바위로 자신도 모르게 고개가 돌아갑니다. 한번 본 빨래하는 아가씨 때문입니다.

아! 그런데 달빛 속에 어렴풋이 보이는 아가씨의 모습!

아라왕자는 말을 달렸습니다.

'다가닥! 다가닥!'

말발굽 소리에 빨래하던 아가씨가 몸을 일으켰습니다.

그러나 아라왕자는 아가씨를 놓아주질 않았습니다.

첫눈에 반해버린 두 남녀는 사랑을 나누다가 날이 어두워지면 아라왕자는 아라가야 왕궁으로 돌아가곤 했습니다.

더디어 왕궁에까지 소문이 들어갔습니다.

왕궁이 발칵 뒤집어졌습니다. 왕자가 동지산성의 아주 보잘것 없는 성지기의 딸 홍연과 사랑을 하고 있다는 소문 때문이었습니다.

왕의 노여움을 사게 되었고 다시는 천한 신분인 성지기의 딸과는 만나지 말라는 왕의 명령이 떨어졌습니다.

성지기의 딸 홍연은 그만 병이 들었습니다.

좋다는 약은 다 써 봤지만 효험이 없습니다.

아가씨는 달 밝은 밤이면 아라왕자를 잊지 못해 무진 바위에 가서 홀로 앉아 기다렸지만 아라왕자를 두 번 다시는 만날 수가 없습니다.

그러나 홍연아씨는 기다리고 기다렸습니다. 그 모습이 안타까운 동지산 산신령이 찾아왔습니다.

"홍연아, 홍연아!"

"네! 신령님."

"백세에 가보아라. 사월초파일 저녁이 되면 하늘에 미륵부처님이 나타날 것이다. 너의 소원을 빌어라. 그러면 그 소원이 이루어질 것이니라."

"홍연아씨는 그 길로 백세마을를 향해 달렸습니다."

밤이 깊어갈수록 달빛은 더욱 찬란히 빛났습니다. 홍연아씨에게는 백세까지 가는 길이 험하기 이를 데 없습니다. 백세라는 곳은 삼봉산 아래 아라가야 왕궁이 있는 서쪽에 있는 작은 마을입니다.

걷다가 힘이 들면 기어가고 또 걷고 하다 보니 옷은 찢어지고 신발은 다 닳아 발에서 도망을 간 지 오랩니다. 신령님의 말만 믿고 달리고 달렸습니다.

백세부락에 겨우 겨우 도착한 홍련아씨는 거친 숨을 몰아쉬면서 남쪽 하늘을 우러러봤습니다.

그때였습니다.

갑자기 달빛이 흐려지는가 하더니 남쪽 하늘에서 금빛 안개가 비치고 하늘에서 부처님의 모습이 떴습니다. 그 눈부시고 화려함에 홍연아씨는 저절로 무릎을 꿇었습니다.

"부처님이시여! 저의 소원을 들어주소서."

홍연낭자의 얼굴에는 너무나 절실함이 묻어나고 있습니다.

부처님은 밝은 미소를 머금고 눈을 지그시 감은 듯 내려다보고 있을 뿐입니다. 홍연아씨는 아라왕자를 한번만 만나게 해 달라고 빌고 또 빌었습니다.

어느덧 상현달은 서산에 기울고 어둠이 더욱 짙어집니다.

그때였습니다.

홀연히 비몽사몽간에 눈을 떠보니 아! 바로 앞에 아라왕자가 서 있는 것이 아니겠습니까.

왕자님!

홍연아씨는 아라왕자를 보자 그동안 참고 참아왔던 눈물이 왈칵 쏟아져 내렸습니다.

"홍연낭자! 보고 싶었소."

깊은 밤에 사랑을 나누는 두 사람은 새벽이 오는 줄도 모릅니다.

이 사실은 알게 된 아라가야 왕은 불같이 화를 내며 호통을 쳤습니다.

"여봐라. 저놈을 당장 귀양을 보내버려라."

그 길로 아라왕자는 바다 건너 다른 나라로 귀양을 가게 되었습니다.

이렇게 하여 헤어진 두 사람은 두 번 다시 만날 수 없게 되었습니다.

시름에 잠겨있던 홍연아씨의 부모님은 어떻게 해서든지 홍연이의 마음을 달래보려 했지만 소용이 없었습니다.

홍연아씨는 날마다 밤이면 성산산성 연못가를 맴돌다 맴돌다 지치면 집으로 돌아와 잠이 들곤 했지만 나날이 여위어지기만 했습니다.

그러던 어느 날이었습니다.

연못을 맴돌던 홍연아씨는 활짝 핀 연꽃에 홀려 잠시 마음을 빼앗기고 있을 때였습니다.

"홍연낭자!"

어디서 아라왕자의 음성이 들려왔습니다.

아무리 주위를 둘러봐도 보이질 않았습니다.

"홍연낭자!"

또다시 아라왕자의 음성을 듣고 연못을 바라보니 그곳에서 왕자가 환히 미소를 지으며 자기에게 손짓을 했습니다.

홍연낭자는 그만 연못 속으로 풍덩 뛰어들었습니다.

외동딸을 고이고이 기른 산성지기는 홍연아씨를 찾아 돌아 다녔습니다.

그런 일이 있은 후로 부모님도 시름시름 앓다가 떠돌이 신세가 되어 이 세상을 떠돌다가 그만 세상을 떠나고 말았습니다.

홍연아씨는 사라지고 세월도 사라지고 사람들은 홍연아씨의 애달픈 사랑도 지워져 갔습니다. 이제 아라가야란 나라도 없어져 버렸습니다.

성산산성의 성터도 허물어지고 무너져 내렸습니다.

어느 때부턴가 사람들이 허물어지고 황폐한 성터에 밭을 일궈 농사를 지으며 살고 있습니다.

그렇지만 홍연이의 애틋한 사랑의 전설은 사라지지 않고 세상을 떠돌고 있었습니다. 진달래 개나리가 활짝 핀 어느 날이었습니다.

고고학을 연구하는 학자들이 성산산성을 찾아왔습니다.

성산산성을 개간하여 농사를 짓는 밭가에 커다란 바위가 있는데 그 바위 위에 북두칠성 같은 점들이 새겨져 있었습니다. 그런 것이 세상에 알려지게 된 것이 계기가 되었습니다.

그러니까 이 바위는 아주 옛날 사람들이 하늘에 제사를 지냈다든가 아니면 더 중요한 의식을 행하던 곳이 아닌가 하는 것 때문입니다.

이것이 고고학계의 비상한 관심을 불러일으켰고, 일본의 아라 지방 사람들이 이곳과의 연관성을 찾아보기 위해서 합동으로 아라가야의 흔적을 찾는 작업도 병행되어 아라가야 발굴 조사팀들이 성산산성을 발굴하기 시작했습니다. 문화재 발굴 대상지에서 성산산성 한 옆에 있는 성산연못도 포함이 되었습니다. 그렇지만, 이젠 성산연못은 흔적뿐입니다.

조심조심 연못 속의 흙들을 파내고 그 흙 속에서 무엇이 들어있는지 고고학자들은 살펴봤습니다. 연못 속에서 옛날에 쓰던 깨어진 그릇 조각이랑 옛날의 철제무기들도 나왔지만 별다른 유물들은 발견되지 않았습니다.

실망한 고고학자들은 파던 흙을 그대로 두고 다른 곳으로 가버렸습니다. 봄비는 부슬부슬 내렸습니다.

파 놓은 동지연못에 물이 가득 고였습니다.

다음 해에 따스한 봄볕을 받으며 되살아난 연못에서 올챙이 개구리들이 달 밝은 밤이면 나와서 옛날 홍연낭자의 애틋한 사랑의 이야기들을 개굴개굴 노래했습니다.

그러던 어느 달빛이 환한 밤이었습니다.

"개굴개굴! 개굴개굴!"

개구리들은 옛날부터 전해오는 옛이야기들을 도란도란 나누고 있습니다. 개구리들의 노랫소리에 따라 흙 속에 묻혀 있던 연씨 하나가 빗물을 머금으며 동글동글 부풀어 올랐습니다.

"아휴! 잘 잤다."

홍연낭자는 개구리들의 노랫소리에 눈을 부비며 파릇파릇 새싹을 틔웠습니다. 파란 연잎이 돋아나자 개구리들은 모두들 연잎으로 모여들었습니다.

이게 뭐야?

"개굴개굴! 개굴개굴!"

개구리 한 마리가 외쳤습니다.

"개굴개굴! 개굴개굴!"

홍연아씨가 깨어났다. 홍연아씨가 깨어났다.

개구리들은 홍연아씨가 연꽃으로 다시 태어난 것을 환영하며 달밤의 노래잔치를 벌였습니다. 칠백 년이나 잠을 자던 홍연아씨는 개구리들의 노랫소리와 축복을 받으며 쑥쑥 자랐습니다.

밤마다 달 밝은 밤이면 개구리들이 연못에 모여 노래를 하면서 홍연아씨와 즐겁게 놀았습니다.

이젠 홍연아씨는 하나도 슬프지도 않고 외롭지도 않습니다.

많은 개구리 친구들이 노래도 불러주고 같이 놀아주니까요.

'개굴개굴 개굴개굴'

비가 오면 연잎을 받쳐 들고 노래를 불렀습니다.

태양이 따가운 날이면 연잎 아래에 모여 더욱 즐겁게 노래를 불렀습니다.

"어이! 김 박사 저기 봐 저것 연잎 아냐?"

"그러네. 정말 신기한 일이야."

"어떻게 된 거야? 어찌 저기서 연이 자라지?"

그 다음 날에 연못에 대한 회의가 다시 열렸습니다.

"아무리 해도 이곳을 다시 발굴해 봐야겠어. 여기에서 연잎이 돋아나다니 참 신기한 일이야. 이건 어떤 신의 계시야. 정말 좋은 징조야!"

고인 물을 다 퍼내고 연못을 깊이깊이 파고 들어갔습니다.

그렇게 발굴을 하던 어느 날이었습니다.

"야! 이것 봐. 이것 목간이 나왔어 여기에도 목간이."

일순간에 발굴현장은 들뜨기 시작했습니다. 그리고 잇따라 더 많은 목간들이 출토되어 나왔습니다. 발굴 팀들은 흥분했습니다.

목간은 정말 소중한 보물인 것입니다. 목간이란 나무를 얇게 쪼개어 만든 나무 책과 같은 것입니다. 얇은 나무판에 많은 글씨가 적혀 있습니다.

그 글씨들을 읽어 보면 아주 옛날에 있었던 일들을 알 수가 있습니다.

사람들은 아직까지 우리나라에서 이렇게 많은 목간이 나온 일이 없다고 합니다. 이곳이 처음이라고 합니다. 발굴 팀들은 연못 흙을 곱게 채로 쳐서 숨어있는 작은 하나라도 놓치지 않았습니다.

“김 박사! 이것 봐. 이것 연꽃 씨 아냐?”

이번에는 발굴을 지휘하던 한 사람이 딱딱하고 까만 씨 하나를 발견하고 흥분해서 말을 했습니다.

한달음에 달려온 김 박사가 돋보기로 살펴보더니 고함을 질렀습니다.

“와! 연 씨다. 연 씨야. 연 씨가 틀림없어 이것을 싹트게 한다면 옛날에 피어났던 연꽃을 볼 수가 있어. 대박이야. 대박!”

김 박사와 발굴 팀들은 또 한 번 환호를 질렀습니다. 그것은 연꽃 씨가 확실했기 때문입니다.

“그러면, 여기에 옛날부터 연이 자라고 있었다는 거네. 정말 신기한 일이야.”

김 박사는 즉시 이 일을 세상에 알렸습니다.

이번에는 많은 식물학자들이 전국에서 모여들었습니다.

‘개굴개굴! 개굴개굴!’

연 씨가 그 무슨 보물이라고 사람들은 참 호들갑도 심하다고 개구리들이 말합니다.

‘개굴개굴! 개굴개굴!’

“아냐! 어쩌면, 이 연 씨 속에 홍연아씨의 이야기가 들어 있음을 사람들은 아는가봐.”

개구리들은 모르지만 사람들은 이 연 씨를 연구하면 얼마나 오래된 것인지도 알 수가 있고 오래된 연 씨의 싹을 틔울 방법도 커다란 연구 대상인 것입니다. 즉시 연대측정에 들어갔습니다.

연대측정을 한 결과 이 연 씨는 칠백 년은 된 것이라는 것을 알게 되었습니다. 그러니까 홍연아씨는 그토록 오랜 세월 동안 연 씨 속에서 잠을 자고 있었던 것입니다.

잠에서 깨어난 홍연아씨!

유월이 오면,

함안박물관 앞에서 빠알간 미소로 방글방글 웃으며 찾아오는 사람들을 맞이하고 있을 것입니다.

"야! 참 예쁘다."

"저기 저 빠알간 연꽃 좀 봐!"

홍연아씨는 견학 온 어린이들의 사랑을 더욱 많이 받습니다.

애틋한 사랑의 향기를 바람결에 날리며!

최상일 경남 함안 출생. 2000년 아동문예문학상 수상. 한국교육문학상, 경남아동문학상 수상

어디만큼 왔니?

| 한수연

할머니의 이름표를 본 사람이면 모두 입가에 웃음을 물고 지나갑니다.

"김아기 할머니, 참 예쁜 이름이야."

"정말 아기처럼 작은 할머니야."

오글오글 주름투성이에 머리까지 호호백발인 할머니의 이름은 김작은아기입니다. 그러나 이 은빛 마을에서는 김아기로 통합니다.

여든 번째 생일을 맞은 김아기 할머니는 며칠 전부터 들떠 있습니다. 아기처럼 이 방 저 방 다니면서 목이 마르도록 자랑을 하지만 할머니를 상대해 주는 사람은 아무도 없습니다. 그도 그럴 것이 며칠째 수십 번을 들어온 이야기라서 은빛 마을 사람들은 이제 더 이상 듣고 싶지 않습니다,

"세 밤만 자면 내 생일이라우. 우리 박사 아들 며느리가 나를

데리고 나가 근사한 호텔에서 점심을 사 줄 거라우.”

“…….”

“돌아올 땐 며느리가 틀림없이 생과자를 사 줄 거유. 입안에서 살살 녹는 그놈을 내가 참 좋아하거든. 맛 봬 줄 테니깐 모두들 기대해요.”

할머니는 생과자를 녹여 먹듯이 입을 오물거리며 침까지 꼴딱 삼킵니다.

은빛마을 사람들은 아기 할머니의 자랑만 들었지 생과자는커녕 박사 아들 며느리는 아직까지 구경도 못해봤으니까요. 아기 할머니는 여든 번째 생일에는 아들 며느리가 미국에서 눈 깜짝할 사이에 날아올 거라 믿고 있습니다.

생일이 내일로 다가오자 할머니는 간병인 이 여사에게 며칠 전부터 하던 말을 되풀이합니다.

“여사님, 내일 아침 내 식사는 넣지 말아요. 점심을 아들 며느리와 호텔에서 먹을 거니까.”

“할머니, 그래도 아침을 조금이라도 잡수셔야지. 허기져서 점심때까지 못 기다리셔요.”

이 여사는 할머니에게 벌써 몇 번째 하는 말입니다.

“싫어 싫어. 점심을 맛있게 먹으려면 아침부터 굶어야지.”

아기 할머니의 아기처럼 떼쓰는 이 말도 이 여사에게 벌써 수없이 했구요.

“그럼 그러세요. 아기 할머니는 참 좋으시겠네.”

그나마 이 은빛마을에서 아기 할머니를 상대로 대답해 주는 사람은 마음 좋은 이 여사뿐입니다.

이 여사의 말에 할머니는 두 볼이 발그레 상기되며 머리맡에 챙겨둔 옷을 펴 보입니다.

꽃무늬 블라우스 위에 흰 양말 한 켤레도 얌전히 놓여 있습니다.

"이 꽃무늬 블라우스 입고 나갈려고……. 며느리가 백화점에서 사다준 것이라우. 봄이니깐 칙칙한 것보다야 이게 낫겠지?"

"할머니, 남쪽에서는 꽃소식이 있지만 여기선 블라우스가 아직 일러요."

"그래도 이거 입을 테야. 우리 아들 차는 아주 따뜻하거든. 여사님은 앉으면 허리까지 뜨끈뜨끈해지는 그런 차 타 보셨수?"

"아니요."

"우리 아들 차가 그렇다우. 앉으면 말도 못하게 편안하지."

아기 할머니는 벌써 푹신한 시트에 파묻힌 듯이 편안하고 행복한 얼굴입니다.

김아기 할머니는 거의 뜬눈으로 아침을 맞았습니다.

아들 며느리와 함께 먹을 맛있는 점심도 점심이려니와 벌써 아들을 보지 못한 지 두 해가 넘습니다.

"어머니, 잘 계시죠?"

"아이구, 내 아들 맞냐?"

"그럼요. 어머니."

아들의 목소리는 손에 잡힐 듯 가깝습니다. 아기 할머니는 목소리라도 잡으려는 듯 손을 휘저어 봅니다.

"그래, 내 팔순생일에는 오는 거야?"

"어머니 생신 때 맞춰 귀국할 예정이니 걱정 마세요."

"오냐, 오냐. 그래야지."

아들의 목소리가 아직도 귓가에 남아있습니다. 아기 할머니는 언제부턴가 꿈과 현실의 구별이 잘 되지 않습니다. 그날부터 아기처럼 손을 꼽아가며 팔순 생일을 기다렸습니다.

은빛마을 사람들도 날이 밝자마자 아기 할머니에게 온 신경을 모읍니다. 한 번도 보지 못한 아기 할머니의 박사 아들 며느리가 궁금했거든요.

"무슨 박사가 몸도 성치 않는 노인을 요양원에 맡기고 한번 와 보지도 않는담?"

"그러게요. 손자까지도 미국에 가 있대요."

"돈 들여 공부 많이 시키면 뭘 해요? 부모 옆에 있지를 않는데…. 그러니까 옛말에 굽은 나무가 선산 지킨다고 했잖우? 부모 곁에 있는 자식이 효자여."

"오늘 그 잘난 인물들 구경 한번 합시다요."

은빛마을 화제는 언제나 자식들입니다. 누구네 자식이 몇 번 찾아왔으며, 승진되어 높은 자리에 올라갔고, 올 때 무엇을 가지고 와서 먹었는지 꼼꼼하게 적어두는 사람도 있습니다. 아기 할머니는 그럴 때마다 팔순 생일을 기다렸습니다. 2년 동안 눈치 보며 얻어먹었던 것을 한방에 갚으리라 벼르고 별렀습니다.

아기 할머니는 아침부터 꽃무늬 블라우스를 입고 휠체어를 창가에 붙이고 앉아 있습니다.

할머니의 방은 산모퉁이를 돌아서 은빛마을로 들어오는 차들이 가장 잘 보이는 곳입니다.

하얀 차 한 대가 산모퉁이를 돌아오고 있습니다.

"저건 아니야. 우리 아들 차는 검정이야."

"아이구, 또 하얀 차네. 하얀 차가 왜 이리도 많을꼬?"

아기 할머니는 심심해서 아잇적 장에 간 엄마를 기다리며 놀던 때를 입속으로 중얼거려봅니다.

"보고 싶은 우리 아들, 어디만큼 왔나?"

"신호등에 걸렸지."

아기 할머니는 아들의 목소리를 흉내 내며 신호등이 바뀔 때까지 조금 기다려봅니다.

"신호등에 걸린 아들 어디만큼 왔나?"

아기 할머니는 조바심이 나서 묻습니다.

"산모롱을 돌아오지."

"산모롱을 도는 아들 어디만큼 왔나?"

"언덕 위로 올라오지"

"언덕 위로 오는 아들 어미 모습 보이나?"

"아직 아직 안 보인다."

"아직 아직 안 보이나?"

"아직 아직 안 보인다……."

아기 할머니는 두 눈을 비비고 아들이 잘 보도록 몸을 창틀

쪽으로 바짝 붙여봅니다. 산모퉁이 너머 고속도로 위로 어디로 가고 오는지 수많은 차가 달립니다. 저 수많은 차 속에 아들의 차도 있을 거라고 생각하니 모든 차들이 사랑스럽습니다.

아기 할머니는 다시 시작합니다.

“산모롱을 도는 아들 어디만큼 왔나?”

“언덕 위로 올라오지.”

“언덕 위로 오는 아들 어미 모습 보이나?”

“아직 아직 안 보인다.”

“아직 아직 안 보이나?”

“아직 아직 안 보인다…….”

아침도 거른 할머니는 점심때가 훨씬 지날 때까지 창가에 그대로 있습니다.

걱정이 된 이 여사가 까치발로 들어왔다가 할머니가 염불처럼 중얼거리는 말을 듣고는 눈시울을 닦고 나갑니다.

은빛마을 사람들도 아침에는 박사 아들 며느리를 궁금해 하다가 점심때가 지나가자 점점 괘씸한 마음으로 바뀌어갑니다.

“세상에…… 박사라는 것들이 팔순 생일을 굶게 하다니.”

박사 아들 부부가 오기만 하면 한마디씩 혼내 주리라 벼르고 있습니다.

그런데 저녁 무렵이 다 되어가도록 기다리는 사람들은 오지 않습니다.

은빛마을 사람들은 아기 할머니를 어떻게 위로해야 할지 걱정입니다.

오후부터 잔뜩 찌푸린 하늘이 저녁이 되자 빗방울을 뿌리기 시작합니다. 언덕 위로 올라오는 차들은 모두 불을 켜고 옵니다. 불을 켠 모든 차들은 아들의 차가 되어 할머니에게 달려옵니다.

"언덕 위로 오는 아들 어미 모습 보이나?"

"……."

기진맥진한 아기 할머니는 울음 섞인 목소리로 중얼거립니다.

"어두워서 안 보이나?"

"……."

"비가 와서 못 오나?"

"……."

어둠과 함께 빗방울은 점점 굵어집니다. 하루 종일 굶은 아기 할머니는 휠체어에 쓰러지듯 엎드려서 꽃무늬 어깨만 들썩입니다. 이여사가 아기 할머니를 안아서 간신히 침대에 눕혀줍니다.

"할머니, 이 죽 조금만 드시고 주무세요."

아기처럼 세차게 도리질을 하는 할머니의 얼굴은 눈물로 얼룩져 있습니다.

은빛마을 사람들도 모두 무거운 가슴을 안고 잠자리에 들었지만 눈이 말똥말똥합니다.

박사 아들 자랑을 할 때는 얄미웠던 아기 할머니였는데 팔순 생일을 허탕치고 하루 종일 굶고 누워 있는 할머니를 생각하니 가슴이 아픕니다.

그런데 잠이 들락 말락 하는 순간, 은빛마을 사람들은 휠체어를 밀고 복도를 지나다니며 외치는 아기 할머니의 목소리를 들었습니다.

"아이구 사람들아! 우리 효자 아들 좀 보소. 어미가 비 오는 날은 절대로 운전을 하면 안 된다고 시켰더니 오늘 비가 온다고 차를 움직이지 않았구만. 지금까지도 이 어미 말을 잘 따르고 있네, 있었어."

아기 할머니는 휠체어를 간신히 밀고 다니면서 울음 섞인 목소리로 외쳤습니다.

"아이구, 사람들아! 우리 효자 아들 좀 보소…… 비가 온다고 차를 움직이지 않았구만."

"아이구, 사람들아……."

아기 할머니의 지친 목소리는 휠체어에 실려 밤새도록 복도를 지나다녔습니다.

한수연 경남 통영 출생. 1976년 《한국일보》 신춘문예 동화 당선. 저서 《할아버지의 손은 약손》 외 다수. 초등학교 교사

회원작품

동극

손자가 보고 싶어

| 이한영

때 | 요즘

곳 | 요양원

나오는 사람들 | 김할머니, 박할머니, 의사, 간호사 1·2·3, 영준

무대 : 침대가 두 개 놓여있는 병실이다. 침대에는 두 할머니가 멀뚱히 앉아있다.

1

막이 열리면 간호사가 들어와 할머니들에게 약을 먹인다.

간호사 : 할머니, 아– 하세요, 약 드시게.

김할머니 : (홱! 돌아앉으며) 나 약 안 먹어.

간호사 : (타이르듯) 할머니! 또 이러신다. 자 어서 아– 하세요.

김할머니 : (바로 앉으며) 그럼 나 약 먹으면 우리 손자 영준이 만나게 해 줄겨?

간호사 : 할머니! 손자를 찾을 수 있게 노력해 볼게요.

김할머니 : 싫어! 우리 손자 영준이를 만나게 해 준다고 약속 안 하면 나 약 안 먹어.

간호사 : (난감해하며) 할머니! 또 이러신다. 또….

김할머니 : (애원하듯) 그럼 전화로 목소리라도 한번 듣게 해 줘.

간호사 : 할머니! 우리도 손자가 어디에 있는지 몰….

그때 옆 침대의 박할머니가 끼어든다.

박할머니 : 흥! 저 할망구, 또 투정 부리누만.

김할머니 : (발끈해서) 뭐? 투정? 당신이 우리 손자를 알기나 하나? 얼마나 잘생기고 똑똑하고 공부 잘하고….

박할머니 : 하이구! 잘생기기로 말하면야 우리 손자만 한 아이가 없지.

김할머니 : (발딱 일어나며) 뭐라카노, 이 여편네가? 참말로 우리 손자하고 한번 겨뤄보겠다 이 말이가?

간호사 : (놀라서) 왜 이러세요? 할머니. 자리에 앉으세요.

박할머니 : 흥! (주머니에서 부스럭부스럭 사진 한 장을 꺼내 눈앞에 들이대며) 봐라! 이, 이 잘생긴 아이가 우리 손자다. 눈

이 있으면 똑똑히 봐라.

김할머니 : (사진을 유심히 들여다보다가) 아이고! 내 손자! 내 손자 사진을 당신이 와 갖고 있노? (홱 낚아챈다)

박할머니 : (깜짝 놀라 일어서며) 이 할망구가 뭐라카노? 내 손자 사진 빨리 안 돌려줄끼가?

김할머니 : (문 쪽으로 달아나며) 내 손자! 내 손자야! 잘생긴 내 손자 영준이!

박할머니 : (고함을 지른다) 아이고! 저 여편네가 날강도네. 내 손자 사진을 빼앗아 달아나네!

간호사 : (어쩔 줄 모르며) 할머니들! 제발 진정하세요. 진정하시고 제발 여기 앉으세요.

박할머니 : 아이고! 내 사진….

김할머니 : 잘 생긴 내 손자야!

의사와 간호사들이 무슨 일인가하고 뛰어 들어오는 가운데 무대 어두워진다.

2

무대 밝아지면 의사와 간호사들이 할머니들에 대해서 이야기를 나누고 있다.

간호사 1 : (울먹이며) 정말 어찌해야 좋을지 모르겠어요.

의사 : 이제 안정을 되찾았나?

간호사 2 : 간신히 달래서 잠재워 놓았죠.

간호사 3 : 손자가 오기 전에는 약을 안 드시겠다고 투정을 부리니 그게 제일 큰일이에요.

의사 : 흠! 대체 사진은 누구 사진이야?

간호사 1 : 물론 박할머니 사진이죠.

의사 : (고개를 끄덕이며) 그러니까 박할머니 손자 사진인데 김할머니가 빼앗아 달아났다 이 말이지?

간호사 1 : 그렇다니까요.

간호사 2 : 박할머니는 그래도 정신이 좀 있는 편인데, 김할머니는 전혀 정신이 없고 오직 손자만 찾고 있죠.

의사 : 김할머니 가족은 다 이민 갔다고 했지?

간호사 3 : 예, 캐나다로….

의사 : 전혀 소식이 없나?

간호사 3 : (고개를 가로저으며) 전혀… 병원비만 온라인으로 부쳐오죠.

의사 : 쯧쯧! 부모를 요양원에 맡겨두고 이민을 떠나버리다니.

간호사 2 : 그래도 병원비라도 부쳐 보내니 부모를 완전히 버린 건 아니겠죠?

의사 : (고개를 끄덕이며) 그렇긴 하지.

간호사 1 : 당장 잠 깨면 또 손자를 찾을 텐데 어떡하죠?

의사 : 흠! (턱을 어루만지며 생각에 잠긴다)

간호사 2 : (고개를 갸웃거리다가) 좋은 방법이 하나 있긴 한데….

의사 : 좋은 방법?

간호사 1 : 어떤 방법?

간호사 3 : 어서 말해 봐.

간호사 2 : 그러니까….

간호사 2가 모두에게 뭐라고 설명한다. 그러자 모두 오! 그것 참 좋은 생각이라며 손뼉을 짝짝 친다.

의사 : (서두르며) 그럼 지체할 것 없이 빨리 시작해 보자구.

간호사 2 : 잘 하셔야 돼요, 자신 있죠?

의사 : 걱정 말고 파이팅이나 하자구.

모두 : 파이팅!

넷이서 손바닥을 포개고 파이팅을 외치는 가운데 무대 어두워진다.

3

무대 다시 밝아지면 할머니들의 병실이다.

박할머니 : (김할머니를 힐끗 보며) 망할넘의 여편네!

김할머니 : (시무룩하게 앉아있다)

박할머니 : (주머니에서 손자 사진을 꺼내 보며) 우리 손잔데 누가 저거 손자라카노.

한참 사진을 보고 있는데 어느새 김할머니가 옆에 와서 들여다본다.

김할머니 : 아까는 미안하요.

박할머니 : (화들짝 놀라 사진을 감추며) 또, 또, 와이라노?

김할머니 : 아까는 내가 잘 못했다 안하요. 우리 손자랑 하도 닮아서 그만….

박할머니 : 아무리 그래도 그렇지, 남의 손자를 자기 손자라 카모 우짜노.

김할머니 : 인자 안그럴낀깨내 딱 한번만 보여주소.

박할머니 : 뭘?

김할머니 : 방금 그거.

박할머니 : 방금 그거 뭐?

김할머니 : 당신 손자 사진!

박할머니 : 안 된다. 또 빼앗아갈라꼬?

김할머니 : 인자 안 그럴낀깨내 딱 한 번만! 이렇게 빌게요.(김할머니가 손을 싹싹 빈다)

박할머니 : (안쓰러운 듯 사진을 내보이며) 이번 딱 한번만이다.

김할머니 : 고맙소.(사진을 받아 한참을 들여다본다)

박할머니 : 우리 손자다. 함부래 당신 손자라 하지말그레이.

김할머니 : (손을 부르르 떨며 소리친다) 아이고! 우리 손자 맞네. 우리 손자 영준이….

박할머니 : (화들짝 놀라 사진을 빼앗으며) 이, 이 할망구가 아직도 정신 못 차리네. 내 참, 기가 막혀서!

김할머니 : 영준아! 내 손자 영준아! 목소리라도 한번 들려다오. 흑흑! (쓰러져 흐느낀다)

이때 간호사 뛰어 들어오며 소리친다. 손에 전화기가 들려 있다.

간호사 1 : (흥분된 목소리로) 김할머니! 손자한테서 전화 왔어요. 어서 받아보세요. 영준이에요.

김할머니 : (화들짝 놀라며) 뭐이? 방금 뭐라 했노? 영준이라 했나?

간호사 2 : 예, 영준이에요.(전화기를 건네준다)

김할머니 : (울먹이며) 영준아! 참말로 네가 영준이가?

전화 속 : (소리만) 예, 할머니! 제가 영준이에요. 할머니 잘 계시죠?

김할머니 : 아이고, 영준아! 얼마나 보고 싶었는지 아나?

영준이 : 할머니! 저도 할머니 많이 보고 싶어요.

김할머니 : (으흐흐흑!) 나도 네가 보고 싶다. 미치도록 보고

싶다. 전화만 하지 말고 어서 할미 곁으로 오니라.

영준이 : (목멘 소리로) 예, 할머니! 지금 당장 갈 수는 없고요, 머잖아 곧 할머니 뵈러 갈게요. 그동안 약 잘 챙겨 드시고 의사 선생님이랑 간호사님 말 잘 들으셔야 돼요. 아셨죠?

김할머니 : 알았다, 영준아. 네가 올 때까지 약 잘 챙겨먹고 말 잘 들으마. 빨리 와야 된다?

영준이 : 예, 할머니. 이만 끊을….

김할머니 : (황급히) 아, 그리고 네 사진 한 장 보내다오. (박할머니를 바라보며) 이 할망구가 자꾸 저거 손자 자랑을 해서….

영준이 : 사, 사진을요?

박할머니 : (시큰둥하게) 아이구 참! 내가 언제 자랑했다고….

김할머니 : 알았재?

영준이 : (어정쩡하게) 예 할머니, 그럴게요.

박할머니가 전화를 끊고 좋아라 날뛰는 가운데 무대 어두워진다.

4

무대 다시 밝아지면 의사와 간호사들이 재미있게 이야기를 나누고 있다.

간호사 2: 호호호호! 선생님 목소리 연기 잘 하시던데요?

간호사 1: 정말 열두 살짜리 소년 같았어요.

의사 : (으스대며) 그 정도야….

간호사 3: 연극배우로 나가도 되겠어요.

의사 : 그런데 나도 모르게 목이 메어 울먹였다니까.

간호사 2: 듣는 우리도 눈시울을 붉혔죠.

의사 : 이제 약은 잘 드시겠지?

간호사 3: 그럼요. 너무도 착해지셨어요.

간호사 2: 말 잘 듣는 어린애가 되셨다구요.

의사 : (걱정스럽게) 그런데 이제 어떡하지?

간호사 1: 뭘요?

의사 : 뭐긴 뭐야, 사진 말이지.

간호사 1: 아, 사진!

간호사 2: 그 문제도 결국 같은 방법으로 풀어야하지 않겠어요?

의사 : 뭐? 같은 방법?

간호사 3: 호호호호! 선생님 어릴 때 사진을 드리세요.

의사 : 내 사진을…?

간호사 3: 어쩌겠어요? 그 방법밖에 없는데.

의사 : (조심스럽게) 그런데 자꾸 노인네에게 거짓말을 해도 될까?

간호사 1: 그런 걱정은 안 하셔도 될 걸요. 할머니를 위해서 하는 일이니, 끝까지 할머니가 모르시면 되잖겠어요?

간호사 2 : 이 기회에 선생님이 정말로 할머니 손자가 되세요.

의사 : 그랬다가 자꾸 손자가 보고 싶다고 하면 어떡하라고?

간호사 3 : 그땐 또 방법을 찾아봐야죠. 뭐, 세월이 흘러 좀 더 자랐다고 하면서 할머니 앞에 정식으로 나타나던가….

간호사 1 : (손뼉을 짝짝 치며) 히히히! 그러세요. 선생님은 동안이라 분장을 잘 하면 아직 십대 청소년으로 보인다니까요.

간호사 2 : 흐힛! 재밌어.

의사 : (결심한 듯) 좋아! 그렇게 하지. 지금부터 내가 진짜 김 할머니의 손자가 되지 뭐.

간호사들 : (환호성을 지른다) 와!

간호사 1 : 잘 생각하셨어요, 선생님.

간호사 2 : 이제 모든 문제가 풀렸군요.

간호사 3 : 고마워요, 영준이 학생!

의사 : 뭐? 영준이 학생?

간호사 2 : 네에! 김할머니의 손자 영준이 학생!

간호사들 : 와 하하하!

모두 웃고 떠드는 가운데 막이 닫힌다.

이한영 경남 산청 출생. 아동문예문학상, 경남아동문학상 수상. 아동극본집 《꼬마마녀 단불이》 외 2권. 마산문협 회원

경남아동문학회 연혁

1976.

11. 7 경남아동문학회 창립총회를 마산 가포에서 가짐
- **회장** 김현우 **부회장** 정목일, 조평규

12. 10 글짓기교실 《꽃무지개》 발간
(문성출판사, 임신행 장의구 편)

12. 27 정기총회 가짐. 《꽃무지개》 출판기념회를 겸함
(마산 창동 대진백화점)
- 임원선출 : **회장** 김현우(초대) **부회장** 정목일, 김근숙
  상임이사 임신행 **총무** : 조무근
  이사 이수정, 공창섭, 현동화, 문신수, 박일, 옥미조
  최진기 **감사** 권영현, 이재천
- 경남아동문학회 회칙 제정(1976. 12. 28)
- 회원수 : 48명

1977.

5. 1 회보 《경남아동문학》 창간호 발간

5. 25 임시 총회 겸 야유회를 마산 가포에서 가짐

6. 25 제1회 경남어린이글짓기 작품 공모 입상자 발표, 시상

10. 1 "경남아동문학" 창간호 《하얀 찔레꽃들》 발간
(아동문예사, 회장 김현우)

11. 11 연간집 《하얀 찔레꽃들》 출판기념회(마산 양덕초등학교)
- 제1회 전국아동문학인 배구대회 개최(경남, 부산 2팀, 전남 등 4팀 참가, 마산 양덕초등학교)

12. 28 정기총회(진주 천전초등학교)
- 임원선출 : **회장** 김현우 **부회장** 정목일, 김근숙, 장의구

사무국장 조무근 **이사** 임신행, 이수정, 신충행, 이공우
변무영, 황선하, 박일, 옥미조, 최진기, 김석근
감사 최진기, 박규련
–회원수 : 동시 41명, 동시조 4명, 동화 20명

1978.

8. 15 제2회 경남어린이글짓기 작품 공모 입상자 발표, 시상

1979.

1. 21 정기총회(마산 향원회관) – 임원선출 : **회장** 임신행(2대)
부회장 정목일, 조무근, 최진기 **사무국장** 김복근
4. 6 경남어린이 구연동화대회(KBS마산방송) 후원, 주관
11. 1 제3회 경남어린이글짓기 작품 공모 입상자 발표, 시상
–회원수 : 35명

1985.

5. 26 제2회 전국아동문학인 배구대회 참가(주최 : 아동문예, 장소 : 광주 수창초교, 경남 외 5개 지역, 회장 임신행)

1987.

6. 28 제3회 전국아동문학인 배구대회 참가(주최 : 아동문예, 장소 : 부산교대 부속초교, 경남 외 8개 지역, 회장 임신행)

1989.

5. 6 총회 개최(도서출판 경남)
–임원선출 : **회장** 이창규(3대) **부회장** 강순아, 조평규,
정용원 **사무국장** 박윤덕, 이은용
–사무국 설치 : 도서출판 경남 내

6. 25 연간집 "경남아동문학"(제2호) 《눈으로 크는 아이》 발간
(도서출판 경남, 회장 이창규) – 참여 회원수 : 23명
8. 15 연간집 출간 자축연 및 현판식 가짐(장소 : 도서출판 경남)

1990.

4. 22 1990년도 정기총회 개최(마산 산호공원)
7. 12 경남아동문학상 제정, 운영위원회 구성. 경남아동문학상 운영규정 정함
11. 30 연간집 "경남아동문학"(제3호) 《고향의 봄》 발간
(도서출판 경남, 회장 이창규)
제1회 경남아동문학상 시상(경남건축사회관)
– 수상작품 : 신충행 동화집 《노래하는 아파트》

1991.

3. 29 전국어린이 시낭송 창원지역대회 후원, 주관
7. 5 연간집 "경남아동문학"(제4호) 《지리산 푸른 바람》 발간
(도서출판 경남, 회장 이창규)
7. 17 제2회 경남아동문학상 시상식(진주문화원)
– 수상 동시 : 정용원 〈어머니〉(연작시)
– 수상 동화 : 조평규 〈잃어버린 얼굴〉
1991년도 정기총회 개최(진주문화원)
– 임원선출 : **회장** 정목일(4대) **부회장** 조평규, 정용원
김태두 **사무국장** 이은용 **이사** 김현우, 임신행, 이창규
강순아, 김복근, 박윤덕, 김준영, 최진기, 양계향, 석명옥
– 회원수 : 42명
11. 20 경남아동문학회 창립 15주년 기념사업으로 《경남아동문학선집》(동시, 동화) 2권 발간(도서출판 경남, 회장 정목일)
– 동시선집(제51호) 《풀꽃은 풀꽃끼리》(수록작가 : 28명)

–동화선집(제52호) 《물새는 물새끼리》(수록작가 : 24명)

11. 24 창간 15주년기념 《경남아동문학선집》 출판기념회
(경남건축사회관)
–공로패 및 출판기념패 전달
공로패 : 이창규 전 회장
출판기념패 : 문신수, 김현우, 문선희

1992.

6. 1 연간집 "경남아동문학"(제6호) 《풀꽃 무지개》 발간
(도서출판 경남, 회장 정목일)
–회원수 : 42명

6. 제3회 경남아동문학상 시상식
–수상자 : 동시 이창규, 동화 강순아

1993.

6. 1 연간집 "경남아동문학"(제7호) 《바다를 곁에 두고》 발간
(도서출판 경남, 회장 정목일)

6. 제4회 경남아동문학상 시상식
–수상자 : 동시 이은용, 동화 문신수

7. 31 부산 · 경남아동문학인 여름 합동 세미나 개최(거제 대우초등학교) – 발표자 : 정진채(부산), 정용원(경남), 김종완(부산), 조평규(경남), 김문홍(부산)

1994.

5. 20 연간집 "경남아동문학"(제8호) 《황금 물총새》 발간
(도서출판 경남, 회장 임신행)

5. 제5회 경남아동문학상 시상식
–수상자 : 동시 도리천, 동화 정목일

5. 1994년도 정기총회 개최
－임원선출 : **회장** 임신행(5대) **부회장** 조평규, 정용원, 김태두, 양계향 **사무국장** 우덕상

10. 1 경남아동문학상 수상작가 작품집 《산골물과 말라깽이 선생님》 발간(도서출판 경남)

1995.

5. 25 연간집 "경남아동문학"(제9호) 《도깨비와 괭이갈매기》 발간 (아동문예, 회장 임신행)

5. 제6회 경남아동문학상 시상식
－수상자 : 동시 전문수 · 황선하

1996.

5. 1996년도 정기총회 개최
－임원선출 : **회장** 조평규(제6대) **부회장** 정용원, 이은용 **사무국장** 정현대

6. 15 연간집 "경남아동문학"(제10호) 《꽃열차 타고》 발간 (도서출판 경남, 회장 조평규)

6. 22 제7회 경남아동문학상 시상식(경남문화예술회관, 진주)
－수상자 : 동시 최진기, 동화 김현우

1997.

7. 4 연간집 "경남아동문학"(제11호) 《꽃바구니》 발간 (아동문예, 회장 조평규)

8. 23 제8회 경남아동문학상 시상식
－수상자 : 동화 한수연 · 조현술
1997년도 정기총회 개최(진주상호신용금고 문화관)
－임원선출 : **회장** 권영현(제7대) **부회장** 최진기, 조현술

사무국장 임채인 **감사** 석명옥 **이사** 김철민, 김현우
서일옥, 이창규, 임신행, 정목일, 정용원, 정현수, 조평규
– 정관 개정, 회원수 : 56명

1998.

6. 5 연간집 "경남아동문학"(제12호) 《풀꽃 여울》 발간
(아동문예, 회장 권영현)

6. 27 제9회 경남아동문학상 시상식 및 1998년 연간집
《풀꽃 여울》 출판기념회(진주금고 문화관)
– 수상자 : 동시 강수성, 동화 정현수

1999.

7. 9 제10회 경남아동문학상 시상식(경남교원단체연합회 강당, 창원) – 수상자 : 동화 김태두 · 이림
연간집 "경남아동문학"(제13호) 《산을 끌고 온 아이》 발간
(아동문예, 회장 권영현)

2000.

2. 2000년도 정기총회 개최
– 임원선출 : **회장** 이창규(제8대) **부회장** 조현술
사무국장 김재순 **사무차장** 이한영 **이사** 김현우, 임신행
전문수, 정목일, 조평규, 조현술, 최진기, 한수연

10. 20 연간집 "경남아동문학"(제14호)
《두만강을 건너간 꽃제비들》 발간(아동문예, 회장 이창규)

10. 27 제11회 경남아동문학상 시상식 및 2000년 연간집 출판기념회, 아동문학강연회(창신대학 문덕수문학관, 마산)
– 수상자 : 동시 김재순, 동화 옥미조

2001.

5. 12 남명 선생 탄신 500주년 기념 초 · 중등 백일장 개최
(창원 용지공원, 산청 덕천서원)

8. 10 연간집 "경남아동문학" (제15호) 《책장을 넘기는 그 작은 소리들》 발간(아동문예, 회장 이창규, 참여 회원 : 31명)

8. 18 경남아동문학회 연간집 《책장을 넘기는 그 작은 소리들》 출판기념회(산청 덕산중학교)
- 남명 선생 탄신 500주년 기념백일장 시상식
- 제12회 경남아동문학상 시상식(수상자 : 동화 임신행)
- 남명 특별상 시상식
- 전국순회 문학 강좌 : 디지털 시대 아동문학의 환상성
(강사 : 전문수 · 이동렬 교수)

11. 23~24 경남아동문학회 문학 강좌(경남교총회관 강당)
- 강사 : 유경환, 정목일

2002.

5. 4 제1회 아동문학의 날 제정 기념 경남학생백일장 개최
(창원시 용지공원, 산청 덕천서원)

5. 11 제13회 경남아동문학상 · 남명특별상 시상식
- 수상자 : 동시 노여심, 동극 이한영
- 남명특별상 수상자 : 신충행
- 장소 : 마산대우백화점 회의실

7. 20 연간집 "경남아동문학" (제16호) 《지리산 물푸레나무숲》 발간(회장 이창규)

7. 25 백일장 작품집 《지리산 푸른 바람 헤치고》 발간
(도서출판 경남)

2003.

5. 1 제2회 아동문학의 날 행사 진행(장소 경남문학관)

5. 11 남명 교육정신 계승을 위한 경남학생 백일장 개최(창원 마산 종합운동장 올림픽기념관 광장, 산청 덕천서원)

5. 20 경남학생 백일장 시상식(경남문학관)
제14회 경남아동문학상 시상식(수상자 동시 권영현 노길자)
남명 특별어린이문화예술상(수상자 이영호) 시상식. 경남문학관에서

10. 10 연간집 "경남아동문학"(제17호) 《산마다 꽃은 피고》 발간(회장 이창규)

11. 2 2004년도 정기총회 개최
– 임원선출 : **회장** 김태두(제9대) **부회장** 조현술, 김재순 **사무국장** 이한영 **사무차장** 최영인 **이사** 권영현, 김현우 오하룡, 이창규, 전문수, 정목일, 정현수, 조평규, 최진기 한수연
– 회원수 : 48명

2004.

5. 1 제3회 아동문학의 날 행사 진행, 도내 작고 아동문학가 작품 낭독(경남문학관)

5. 16 남명 선생 얼 계승 경남학생 백일장 개최(창원과 산청에서 동시에 실시)

5. 29 백일장 작품집 《산천재 물소리》 발간 (도서출판 경남)
제15회 경남아동문학상 · 제3회 남명아동문학상 시상
– 수상자 : 동시 석명옥, 동화 최영인
– 남명아동문학상 수상자 : 이창규
– 장소 : 경남문학관

7. 25 경남아동문학회 문학기행(정지용 생가 등)

12. 18 연간집 "경남아동문학"(제18호) 《낮도깨비를 팔까말까》

발간(아동문예, 회장 김태두)
정기총회(회원 18명 참석)

2005.

5. 1 《환상의 세계–아동문학과 그림 만남전》 및 제4회 아동문학의 날 행사, 최계락 탄신 100주년 기념행사 진행(경남문학관)
7. 26 2005 경남학생백일장 개최, 시상식(산청 남명기념관)
7. 26 제16회 경남아동문학상 · 제4회 남명아동문학상 시상식
–수상자 : 동화 이재천 · 최미선
–남명아동문학상 수상자 : 임신행
–장소 : 산청 덕천서원
8. 8 회원 야유회를 가짐(마산 가포유원지)
8. 25 백일장 작품집 《붕새 먼 남쪽 바다로 날아가다》 발간(도서출판 경남)
11. 30 연간집 "경남아동문학"(제19호) 《내놔라 꽁꽁 못 내놓겠다 꽁꽁》 발간(아동문예, 회장 김태두)
12. 10 연간집 출판기념 및 정기총회 개최(마산 초원식당, 참석회원 : 23명)

2006.

5. 1 제5회 아동문학의 날 행사 진행(밀양 밀성초등학교)
5. 20 향파 이주홍 선생 탄신 100주년 기념 "100분토론 및 작가와의 만남" 주최(밀양 밀성초등학교)
7. 8 경남아동문학회 자연탐방기행(함안 산인삼림욕장)
7. 26 전국학생백일장 개최(산청 덕산초등학교)
7. 26 제17회 경남아동문학상 · 남명아동문학상 시상식
–수상자 : 동시 오하룡, 동화 최상일
–남명아동문학상 수상자 : 김태두

－장소 : 산청 덕천서원

8. 30 백일장 작품집 《덕천서원 가는 길》 발간 (도서출판 경남)

11. 25 연간집 출판 기념회 및 정기총회 개최(함안노인복지회관)

11. 30 연간집 "경남아동문학"(제20호) 《하늘 땅 별 땅》 발간
(아동문예, 회장 김태두)

2007.

5. 1 제6회 아동문학의 날 행사 진행(밀양 밀성초등학교)

10. 10 경남학생 백일장 개최(남명기념관)
제18회 경남아동문학상 · 남명특별문학상 시상식
－수상자 : 동시 이경숙, 동화 이영득
－남명특별문학상 수상자 : 조평규
－장소 : 산청 덕천서원

10. 20 연간집 "경남아동문학"(제21호) 《수수깡 안경》 발간
(도서출판 경남, 회장 김태두)

11. 6 백일장 작품집 《방울 찬 남명할아버지》발간(도서출판 경남)

11. 30 2008년도 정기총회 개최
－임원선출 : **회장** 이창규(제10대) **부회장** 김재순, 이한영
사무국장 최상일, 권순희 **사무차장** 권순희, 이영득, 도희주
이사 임신행, 김현우, 노길자, 오하룡, 이림, 조평규, 조현술,
하영, 김태두, 최영인, 정현수(이상 11명, 3. 8 이사회 결정)

2008.

4. 9 경남아동문학회 회원 산행(밀양 산들늪)

5. 1~20 제7회 아동문학의 날 잔치 및 기념 동시화전 개최
(밀양 강변 및 밀성초등학교)

10. 10 연간집 "경남아동문학"(제22호) 《산들늪에는》 발간
(아동문예, 회장 이창규)

10. 11 제8회 경남학생백일장 및 제19회 경남아동문학상 시상식
- 수상자 : 동시 하영, 동화 김문주
- 남명특별문학상 수상자 : 김재순
- 장소 : 남명기념관

11. 10 백일장 작품집 《매화나무 아래에서》 발간 (도서출판 경남)

2009.

1.11~2. 19 동시화전 주관(한국동시문학회 주최, 함안문화원)

5. 1 제8회 아동문학의 날 행사 진행(함안 가야초등학교)

9. 25 연간집 "경남아동문학"(제23호) 《진퍼리새들》 발간
(아동문예, 회장 이창규)

10. 10 제20회 경남아동문학상 · 남명특별문학상 시상식
- 수상자 : 동시 윤일광 · 석경숙
- 남명특별문학상 수상자 : 조현술
- 장소 : 산청 덕천서원

2010.

1. 24 2010년도 정기총회 개최(초원식당)
- 임원선출 : **회장** 조현술(제11대) **부회장** 김재순, 이한영
사무국장 권순희 **사무차장** 류경일, 김문주
자문위원 권영현, 김태두, 김현우, 임신행, 정목일, 조평규
감사 이창규 **이사** 노길자, 오하룡, 이림, 전문수, 정현대,
최상일, 최영인, 하영

5. 1 제9회 아동문학의 날 행사 진행(함안 가야초등학교)

10. 9 선비문화 축제기념 초 · 중 · 고 학생백일장 및
제21회 경남아동문학상 시상식
- 수상자 : 동시 임규홍 · 류경일
- 장소 : 산청 남명기념관

12. 20 연간집 "경남아동문학"(제24호) 《세계는 한지붕》 발간 (아동문예, 회장 조현술)

2011.

1. 7 2011년 정기총회 개최(초원식당)

4. 2 "전국 어린이 고향의 봄 잔치" 백일장에 경남아동문학회 회원 동시화 및 저서 전시(창원 용지공원)

4. 30 제10회 아동문학의 날 행사 진행(함안 가야초등학교)

8. 21~22 일본 대마도 문학기행 실시

10. 8 제22회 경남아동문학상 시상식
- 수상자 : 동시 정현대 · 하종숙
- 장소 : 산청 남명기념관

10. 25 연간집 "경남아동문학"(제25호) 《울긋불긋 꽃대궐》 발간 (도서출판 경남, 회장 조현술)

10. 27~30 창원 세계아동문학축전 행사 참여(창원 CECO), 경남아동문학회 홍보 부스 설치 운영, 국제아동문학 심포지엄(2부) 주관

12. 10 백일장 작품집 《지리산 숲길》 발간 (도서출판 경남)

12. 15 2012년 정기총회 개최(초원식당)
- 임원선출 : **회장** 김재순(제12대) **부회장** 이한영, 최영인 **사무국장** 하종숙 **사무차장** 정희숙, 김임지 **이사** 노길자 오하룡, 이림, 정현대, 조현술, 최상일, 하영 **감사** 권순희 **자문위원** 권영현, 김태두, 김현우, 임신행, 전문수, 정목일, 조평규
- 회원수 : 69명

2012.

5. 1 제11회 아동문학의 날 잔치 진행(함안 아라초등학교)

10. 1 제23회 경남아동문학상 시상식

−수상자 : 동시 김복근, 평론 : 박종순
−장소 : 남명기념관

10.	13	남명선비문화축제 경남 학생백일장 주관(산청 산천재)
12.	5	연간집 "경남아동문학"(제26호) 《날아라 뿔쇠오리》 발간 (도서출판 경남, 회장 김재순)
12.	21	2012년도 총회 및 연간집 출판기념회(장소 마산 초원식당)
12.	28	백일장 작품집 《성성자 방울소리》 발간 (도서출판 경남)

2013.

4.	29	제12회 아동문학의 날 잔치 진행(함안 아라초등학교)
5.	24~26	창원세계아동문학축전 참가, 경남아동문학회 홍보부스 운영 (창원컨벤션 센터)
6.	23	식물관찰기행(함안 입곡저수지)
8.	5~9	경남아동문학회 동시화전(주관 연길시 중국조선족시조협회, 중국 지린성 연변민족도서청사)
10.	10	연간집 "경남아동문학"(제27호) 《느티나무와 아이들》 발간 (도서출판 경남, 회장 김재순)
10.	12	제24회 경남아동문학상 시상식 · 연간집 출판 기념회 −수상자 : 동시 서일옥 · 김지연 −장소 : 산청 남명기념관 남명선비문화축제 경남학생백일장 주관(산청 산천재)
12.	3	연간집 출판 기념회 및 정기총회 개최(함안 아라정)

2014.

7.	10	제13회 아동문학의 날 행사 진행(함안 아라초등학교)
10.	11	선비문화축제 경남학생백일장 개최(산청 산천재) 연간집 출판기념회 및 제25회 경남아동문학상 시상식 −수상자 : 동시 김용삼 · 우점임

–장소 : 산청 남명기념관

10. 6 연간집 "경남아동문학"(제28호) 《느티나무 둥지》 발간
(도서출판 경남, 회장 김재순)
–임원진 : **회장** 김재순 **부회장** 윤일광, 이림
사무국장 석성환, 임상렬 **사무차장** 임상렬, 김지연
감사 서일옥, 이동배
–회원수 : 75명

2015.

2. 12 정기총회 가짐(마산 우우정)
–임원개선 : **회장** 김재순 **부회장** 윤일광, 이림
감사 서일옥, 이동배 **이사** 김문주, 김태두, 김현우
오하룡, 이한영, 이창규, 임신행, 전문수, 정목일, 정현대,
조평규, 조현술, 최상일, 최영인, 하순희, 하영, 하종숙(17
명) **편집주간** 이림 **사무국장** 김지연 **사무차장** 임상열

4. 30 제14회 아동문학의 날 행사 진행(함안 아라초등학교)

7. 10~31 이원수문학관에서 '경남아동문학회 발자취' 전 가짐

(자료정리 : 김현우)

경남아동문학회 회원 주소록

회원명	연락처	주소 · e-mail
강수성	010-9877-6032	**53017** 통영시 신죽1길 70, 101동 203호(죽림듀크하임빌)
공현혜	010-2540-0473	**38060** 경북 경주시 총효중앙길 101, 경동상가 202호 바른글쓰기
공효숙	010-8240-4763	**51514** 창원시 성산구 용지로 127, 5층
권순희	355-3529 010-5522-3529	**50441** 밀양시 중앙로 238-12, 103동 1502호 (삼문동 청구1차A) ／ kshi7@hanmail.net
권영현	741-7291	**52702** 진주시 평거로18번길 5-8
권유현	757-1449 011-9510-1449	**52738** 진주시 대신로475번길 16-5, 103동 801호 (초전동 청구타운) ／ kyh@hanmail.net
김덕종	673-5320 010-9137-5320	**52918** 경남 고성군 동해면 양촌6길 82
김 륭	010-8525-9779	**51017** 김해시 율하2로 164길, 1314동 502호 (율현마을, 주공A) ／ kluung@hanmail.net
김몽화	010-5772-4903	**50117** 거창군 가북면 용암1길 46
김문주	283-5757 010-2705-2478	**51481** 창원시 성산구 대암로 64번길, 3동 1507호 (남양동, 동성A) ／ answn5727@hanmail.net
김미정	637-3692 010-2857-3366	**53299** 거제시 삼거4길 24-3 mj3645@naver.com
김복근	255-9611 010-3855-9610	**51318** 창원시 마산회원구 양덕서로 45, 407동 701호 (양덕동, 한일4차) ／ sisim33@hanmail.net
김용근	321-2586 017-726-2586	**51471** 김해시 해반천로278번길 12-27, 101동 1006호 yongkeon@chollian.net
김용삼	010-7171-2758	**55060** 전북 전주시 완산구 봉곡1길 21(효자동2가) 이레빌라 202호 ／ ivanfoo13@hanmail.net
김임지	010-5126-3041	**51471** 창원시 성산구 외리로34번길 13, 103동 1502호 (성주동, 한림푸르지오A) ／ annejiya@hanmail.net

회원명	연락처	주소 · e-mail
김재순 회장	584-5284 010-4551-6854	**52031** 함안군 산인면 송정1길 109-78 js551@hanmail.net
김지연 사무국장	742-1739 010-6366-1948	**52718** 진주시 진주대로815번길 11, 103동 402호 (주약현대A) / rararuru00@daum.net
김태두	862-1981 010-2586-2827	**52410** 남해군 서면 스포츠로686번길 9 ktdhks@hanmail.net
김현우	251-6888 010-3589-2147	**51314** 창원시 마산회원구 석전남16길 49, B동 112호 (석전1동, 서광빌라) 7bong01@hanmail.net(blog.daum.net/7bong01)
남외경	010-6722-6688	**51232** 창원시 마산회원구 내서읍 중리 116번지 gugjagam@hanmail.net
노길자	546-7847 010-2589-7847	**51692** 창원시 진해구 충장로63번길 5-6 nk06118@naver.com
노여심	223-5293 010-9549-5291	**16558** 경기도 수원시 권선구 권중로 99번지 804동 301호 (벽산한성A) / noyeosim@hanmail.net
도리천	681-7999, 682-2200	**53320** 거제시 장승포로 마전1길 89-13, 약수암
도희주	282-7092 010-4781-0567	**51464** 창원시 성산구 대방동 358 대동A 106동 305호 dms0306@hanmail.net
류경일	298-8221 017-739-8221	**51425** 창원시 성산구 반송로 177, 206동 1504호 (반림동, 현대A) / c4u4u@korea.kr
박미애		**50444** 밀양시 가곡동 삼강그린A 806호
박윤덕	010-5521-5405	**46537** 부산시 북구 금곡대로 228번길 101동 1805호 (동원로얄듀크A)
박종순	010-3553-3106	**51425** 창원시 성산구 반송로 177, 201동 1307호 (반림동, 현대2차A) / girincho64@hanmail.net

회원명	연락처	주소 · e-mail
서일옥 감사	248-7865 010-9325-7865	**51548** 창원시 성산구 안민로 159번길 10, 1304 (천선동, 조광하우젠A) / miso51@empas.com
서정홍	055-933-2513 011-9556-8239	**50226** 합천군 가회면 목곡1길 50-2 junghong58@hanmail.net
석명옥	752-9363	**52706** 진주시 망경북길6번길 6
석성환	275-0810 010-8532-0800	**51548** 창원시 성산구 안민안길 8, 1401호 (안민동, 신우에이스타운) / ssh0800@hanmail.net
설복도	017-841-1918	**53049** 통영시 통영해안로 439-20(정량동)
양정화	010-4782-8762	**02475** 서울시 동대문구 제기로6가길 5, 3층 302호
오하룡	245-8818 010-3583-8818	**51282** 창원시 마산합포구 몽고정길 2-1 (추산동, 도서출판 경남) / gnbook@hanmail.net
옥미조	637-3722	**53210** 거제시 대금산로 339-7
우점임	010-6405-4212	**06321** 서울시 강남구 개포로 310, 85동 105호 (개포1차주공A) / googooya@hanmail.net
유행두	339-1241 010-4559-1126	**50980** 김해시 능동로 117, 414동 401호(부곡동, 석봉부영17A) / aengdumoja@hanmail.net
윤일광 부회장	011-9323-1304	**53200** 거제시 장목면 송진2길 7-6, 거제문화예술창작촌 iii0618@hanmail.net
윤진애		
윤혜영	636-6525 010-9397-6525	**51550** 창원시 성산구 안민로117번길 3, 101동 1101호 (삼성하이츠빌라) / dhdhzldl@hanmail.net
이경숙	352-7837 010-7242-7837	**50431** 밀양시 내일동 1구 324-6
이경순	010-4553-4628	**50981** 김해시 월산로 82-62, 102동 1303호 (부곡동, 석봉마을 대동A) / nari388@hanmail.net
이동배 감사	010-3848-6015	**50929** 김해시 인제로51번길 42(삼정동) 김해삼성초등학교 교장실
이 림 부회장	282-8402 010-4569-8402	**51473** 창원시 성산구 외리로34길 13, 105동 101호 (성주동, 한림푸르지오A) / foresttlee@hanmail.net

회원명	연락처	주소 · e-mail
이선향	010-7541-3307	**52702** 진주시 평거로39길 9, 101동 1304호 (평거동, 들말한보A) / shyhh@hanmail.net
이영득	326-5157 010-6370-1373	**51019** 김해시 율하2로 87, 505동 602호(율하동, 모아미래도) deuk67@hanmail.net
이영자	010-7759-0355	**52211** 산청군 산청읍 친환경로2965번길 28
이재천	863-2479 019-247-2479	**52418** 남해군 남해읍 화전로 121-6(북변리)
이주희	532-3151 010-4735-0124	**635-822** 창녕군 대지면 석리 367번지 ordry60@hanmail.net
이창규	333-8384 010-7288-8384	**51019** 김해시 장유면 율하1로 64, 405동 801호 (율하동, 대우푸르지오A) / abcyung@hanmail.net
이창안	332-1400 011-581-5797	**49126** 부산시 영도구 동삼1동 한진로즈힐A 101동 102호 an221957@hanmail.net
이한영	243-1890 010-3832-1891	**51286** 창원시 마산회원구 회원서11길 21, 101동 802호 (회원2동, 주공A) / nolgaeul@hanmail.net
임상열 사무차장	010-4408-7670	**51214** 창원시 마산회원구 내서읍 호원로 359, 108동 1801호 (코오롱A) / sayieeed@hanmail.net
임신행	295-7237 867-7237 010-8835-9624	**51345** 창원시 마산회원구 양덕동4길 5(양덕동) **668-853** 남해군 창선면 부윤 2리 43 ihmshin1025@naver.com
장진화	010-3877-1523	**51191** 창원시 의창구 의창대로139번길 5(동정동) tree41236@nate.com
전문수	546-2840 011-9502-2840	**51626** 창원시 진해구 행암로362번길 70-10 msj8888@hitel.net
정명숙	02-3661-6450 010-9788-3228	**10449** 경기도 고양시 일산구 백석동 1303 현대밀라트2차 A-724
정목일	263-1628 010-3866-1628	**51498** 창원시 성산구 동산로 115길, 119동 502호 (상남동, 대동A) / mogil@netian.com
정이식	755-1623 010-4800-1623	**52741** 진주시 하대로40길 4, 102동 808호 (하대1동, 대림A)

회원명	연락처	주소 · e-mail
정현대	745-9357 010-3831-5397	**52650** 진주시 새평거로 30, 111-701(엠코타운 더 프라하) 2285@paran.com
정현수	745-5397 010-3851-5397	**52650** 진주시 새평거로 30, 111-701(엠코타운 더 프라하) wolfmon543@daum.net
정희숙	292-1663 010-4188-1099	**51162** 창원시 의창구 도계로73번길 12, 405호 (도계동, 영남1차A) / evergreen106@hanmail.net
조재영	010-4577-2191	**51653** 창원시 진해구 충장로 575, 109동 1011호 (풍호동 우성A) / jycho7@hanmail.net
조평규	745-1489 011-3830-1489	**52660** 진주시 진주대로1208길 25, 107호 (상봉동, 현대로얄A) / sanhojo@hanmail.net
조현술	224-3882 283-3140 010-6586-1011	**51254** 창원시 마산합포구 문신길 66, 305호 (자산동, 한백푸른A) / hs3069@hanmail.net
최미선	673-2366 010-4550-3091	**52915** 경남 고성군 회화면 관인로 12-6 nunsam@hanmail.net
최상일	232-7896 010-3883-4747	**51229** 창원시 마산회원구 내서읍 상동길 15 sang125k@hanmail.net
최영인	283-7364 010-4356-7364	**51453** 창원시 성산구 비음로4길 37-20 yoso1218@hanmail.net
최진기	645-6369	**27478** 충무시 충열3길 16
하순희	247-0338 010-2588-0336	**51738** 창원시 마산합포구 3·15대로 154, 107동 1301호 (월포동, 벽산블루밍A) / h-jongsori@hanmail.net
하아무	010-3886-5410	**52521** 사천시 정동면 사천강1길 11, 103동 203호 (한보훼미리타운A) / haamoo25@hanmail.net
하 영	231-6552 010-5457-4664	**51215** 창원시 마산회원구 내서읍 광려천북로 74, 503호 (세한그린파크) / hyhyh46@hanmail.net
하종숙	231-1345 010-2860-3569	**51314** 창원시 마산회원구 석전남9길 32 jsha1117@hanmail.net
한수연	746-4609 010-8553-4609	**52678** 진주시 진양호로 185길 7, 103동 505호 (평거동, 주공A) / sy-hann@hanmail.net

편집후기

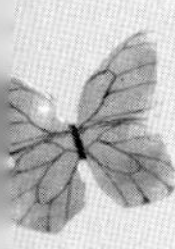

올해는 비교적 수월하게 원고를 모았다.
원고청탁서가 나가자마자 우리 회 선배 원로 선생님들께서
〈경남아동문학회와 나〉 원고를 속속 올려주셨다.
선배 선생님들께서 솔선수범하시니
후배 회원들도 〈선생님, 나의 선생님〉 원고는 물론
자작품 원고까지 별 독촉 없이도 올려주셨다.
김현우 선생님은 우리 회 큰 재산인
사십 년 연혁을 고생스러웠다는
말씀 한 마디 없이 일찌감치 올려주셨다.
편집장으로 모든 회원에게 무한 감사 드릴 따름이다.
카페에 어지럽게 올린 원고를 가지런히 편집해 준 도서출판 경남에도
표지화를 그리신 이한영 선생님게도~.

이림

cafe.daum.net/knadong

2015년 경남아동문학 제29호

펴낸날 | 2015년 10월 5일

지은이 | 김 재 순 외
꾸민이 | 이 한 영

만든곳 | 도서출판 경남
창원시 마산합포구 몽고정길 2-1(추산동)
연락처 | (055)245-8818~9/223-4343(f)
이메일 | gnbook@empas.com
출판등록 | 제567-1호(1985. 5. 6.)

ISBN 978-89-7675-008-2-73810

*이 책은 경남문화예술진흥원 으로부터
발간비의 일부를 지원받았습니다.

〔값 10,000원〕